決定版

舟木一夫の青春賛歌

大倉 明［著］

松竹提供

＜ステレオ＞ コロムビア 45 RPM
学園広場
舟木一夫
只今授業中

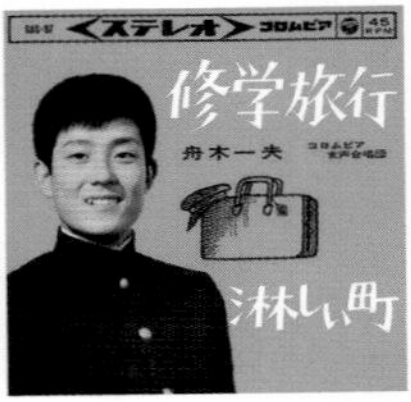

SAS-97 ＜ステレオ＞ コロムビア 45 RPM
修学旅行
舟木一夫
淋しい町

SAS-60 ＜ステレオ＞ コロムビア 45 RPM
高校三年生
舟木一夫
ルナ・アルモニコ
水色のひと

＜ステレオ＞ コロムビア 45 RPM
聖夜
舟木一夫
蛍の光
本間千代子

＜ステレオ＞ コロムビア 45 RPM
仲間たち
はるかなる山
舟木一夫
コロムビア女声合唱団

＜ステレオ＞ コロムビア 45 RPM
涙の敗戦投手
舟木一夫
さらば古い制服よ

＜ステレオ＞ コロムビア 45 RPM
ニッポン音頭
さあさ踊ろよ

＜ステレオ＞ コロムビア 45 RPM
あゝ青春の胸の血は
舟木一夫
夕月の乙女

＜ステレオ＞ コロムビア 45 RPM
叱られたんだね
舟木一夫
初恋の駅

＜ステレオ＞ コロムビア 45 rpm
まだみぬ君を恋うる歌
舟木一夫
ひとりになると

＜ステレオ＞ コロムビア 45 RPM
東京新宿恋の街 舟木一夫
虹のターミナル 北原謙二

＜ステレオ＞ コロムビア 45 RPM
貝がらの唄
舟木一夫
花扉
青山和子

＜ステレオ＞ コロムビア 45 RPM
君たちがいて僕がいた
青春はぼくらのもの
舟木一夫

SAS-318 ＜ステレオ＞ コロムビア 45 rpm
花咲く乙女たち
舟木一夫
コロムビア女声合唱団
若き旅情

＜ステレオ＞ コロムビア 45 rpm
夢のハワイで盆踊り
わかもの行進曲

＜ステレオ＞ コロムビア 45 rpm
七夕の歌
しあわせの星二つ 舟木一夫
織姫音頭 舟木一夫 青山和子

＜ステレオ＞ コロムビア 45 rpm
おみこし野郎
若旦那
いなせじゃないか
舟木一夫

＜ステレオ＞ コロムビア 45 rpm
アロハ・オエ
舟木一夫
少女

北国の街
舟木一夫
はやぶさの歌

火消し若衆
舟木一夫
木挽哀歌

右衛門七討入り
舟木一夫
右衛門七節

青春の大阪
舟木一夫
小鳥が来る街
島倉千代子

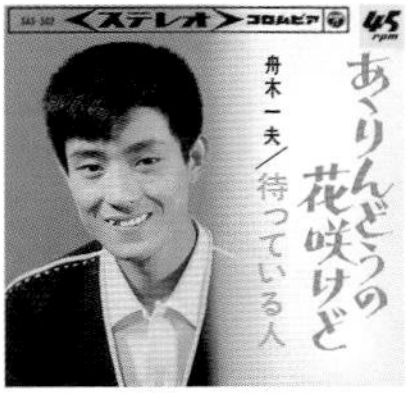
あゝりんどうの花咲けど
舟木一夫／待っている人

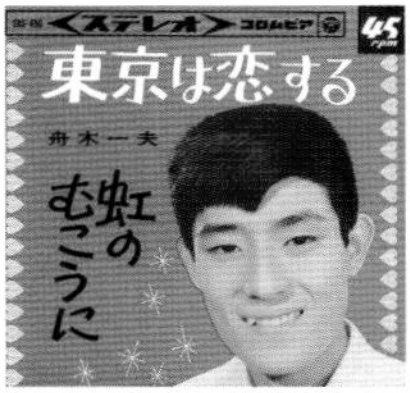
東京は恋する
舟木一夫
虹のむこうに

竹千代音頭
竹千代の唄
舟木一夫

成人のブルース
舟木一夫
あの娘をまもろう

あゝ鶴ヶ城
舟木一夫
お城かこんで輪になって
舟木一夫／コロムビア・ローズ

浜の若い衆
舟木一夫
磯浜そだち

たそがれの人
舟木一夫
夜霧のラブレター

渚のお嬢さん
月とヨットと遠い人
舟木一夫

SAS-857
コロムビア
45 rpm
¥330
哀愁の夜
銀座す
ん通り
日活映画「哀愁の夜」主題歌
舟木一夫
KAZUO FUNAKI

歩いて行こうよどこまでも
すたこら音頭
舟木一夫
KAZUO FUNAKI

高原のお嬢さん
夏の日の若い恋／舟木一夫

山のかなたに
舟木一夫

東京百年
やなぎ小唄
舟木一夫
KAZUO FUNAKI

踊ろうぼくと
ひとりぼっちの女の子
舟木一夫

銭形平次
敦盛哀歌
舟木一夫

今日かぎりのワルツ
舟木一夫
ひぐれ山唄
KAZUO FUNAKI

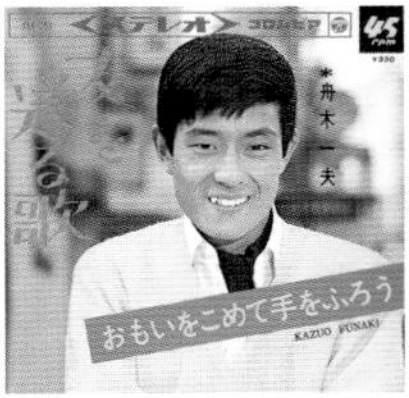
舟木一夫
おもいをこめて手をふろう
KAZUO FUNAKI

SAS-767
<ステレオ>
コロムビア
45 rpm
¥330
絶唱
雨の中に消えて
デビュー三周年記念
＊舟木一夫

<ステレオ>
コロムビア
45
ジングル・ベル
おやすみ恋人よ
舟木一夫
KAZUO FUNAKI

<ステレオ>
コロムビア
45
太陽にヤァ!
●舟木一夫
真珠っ子

<ステレオ>
コロムビア
45
舟木一夫
江戸っ子祭り
淋しかないさ
KAZUO FUNAKI

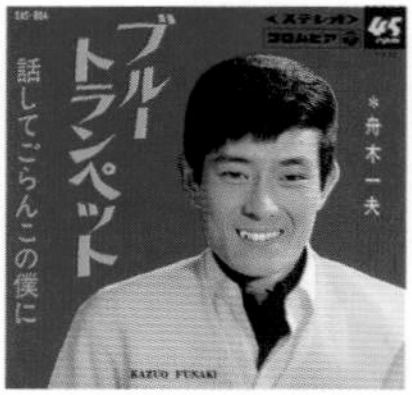
<ステレオ>
コロムビア
45
ブルー・トランペット
話してごらんこの僕に
＊舟木一夫
KAZUO FUNAKI

<ステレオ>
コロムビア
45
センチメンタルボーイ
愛につつまれて
舟木一夫
KAZUO FUNAKI

<ステレオ>
コロムビア
45
心こめて愛する人へ
じっとしてると恋しい
舟木一夫
KAZUO FUNAKI

<ステレオ>
45
＊舟木一夫
あいつと私
夏子の季節
KAZUO FUNAKI

<ステレオ>
コロムビア
45
星の広場へ集まれ!
北国の旅情

<ステレオ>
コロムビア
45
残雪
●舟木一夫

<ステレオ>
コロムビア
45
くちなしのバラード
●舟木一夫

SAS-937
<ステレオ>
45 rpm
¥330
夕笛
舟木一夫
さんざしの花咲けば
KAZUO FUNAKI

<ステレオ>
コロムビア
45
KAZUO FUNAKI
夜霧の果てに
＊舟木一夫
夢の中の恋人

<ステレオ>
コロムビア
45
恋心
知りたくないの
●舟木一夫
KAZUO FUNAKI
シルバーシリーズ

<ステレオ>
コロムビア
45
＊舟木一夫
青春の鐘

<ステレオ>
コロムビア
45
ふたりだけの街角
銀色の恋
舟木一夫
KAZUO FUNAKI

荒城の月
舟木一夫
シルバーシリーズ

<ステレオ>
コロムビア
45
オレは坊っちゃん
＊舟木一夫
KAZUO FUNAKI

夕映えのふたり
舟木一夫

舟木一夫

追憶のブルース
素敵なあなた
舟木一夫

永訣の詩
京の恋唄

紫のひと
舟木一夫
東京みれん街

青年の唄
舟木一夫
うわさのあいつ

再会
舟木一夫
心配だから来てみたけど

北国にひとり
舟木一夫

SAS-1563
¥400
初恋
舟木一夫
あなたの故郷

あゝ名古屋城
舟木一夫

霧の街
舟木一夫

春の坂道
舟木一夫

日曜日には赤い薔薇
三本のローソク
舟木一夫

さすらい
流浪
青春

帰郷
舟木一夫
どこかへあなたと

麦笛
舟木一夫

遥かなる草原
舟木一夫

舟木一夫
サンチャゴの鐘

親不孝通り
俺が死ぬ日
舟木一夫

少年いろの空
舟木一夫

都井岬旅情
舟木一夫
白鳥

むかえ火
津和野川
*舟木一夫

昭和50年記念
日本晴ればれ音頭
両面振付
*美空ひばり
*島倉千代子
*都はるみ
*舟木一夫
*大川栄策

愛の新雪
舟木一夫

旅路
舟木一夫

レマンのほとり/舟木一夫
AK-18
¥600
片面・日曜の恋人

別れの部屋
舟木一夫
*噂めぐり

舟木一夫
哀しみの旅

¥600
舟木一夫

一葉舟
舟木一夫

¥600
舟木一夫
愛を探しに

愛はまぼろし
舟木一夫
¥600

舟木一夫
AK-169
ATG映画「青春PART II」のテーマ
ららばい
片面/はぐれカモメ
¥600

舟木一夫

立ち話
舟木一夫
¥600

つばさ
舟木一夫

愛だなんて言うまえに
End Love
舟木一夫

さんざしの花
舟木一夫
日本海の見える町

どうしているかい
舟木一夫
秋着駅

泣かないで
c/w 北の道しるべ
オリジナル・カラオケつき
CODA-191 STEREO
CD SINGLE

人生半分
舟木一夫
c/w これから
CODA-24 STEREO
税込定価¥1,100(税抜価格¥1,068)
CD SINGLE

友よ
舟木一夫
いつか愛したおまえ
オリジナル・カラオケつき
CODA-8947/STEREO
税込定価¥1,100(税抜価格¥1,068)
CD SINGLE

落日のあとで
風のワルツ
舟木一夫
CODA-8591/STEREO
税込定価¥1,100(税抜価格¥1,068)
オリジナル カラオケつき
CD SINGLE

オリジナル・カラオケつき
Love Letters
C/W RAMONA
Funaki Kazuo
CD SINGLE

風、好きに吹け
舟木一夫
C/W 最後の恋
CD SINGLE
〈オリジナル・カラオケつき〉

燃えよドラゴンズ!'99
燃えよドラゴンズ!'99韓国三銃士
舟木一夫
Dragons
中日
©中日ドラゴンズ
CD SINGLE
ROCK'N ROLL ふるさと
オリジナル カラオケつき

君よ 振りむくな
c/w 明日《あした》は明日《あした》で
舟木一夫
CD SINGLE
オリジナル カラオケつき

想春
いつでも青春
舟木一夫
KAZUO FUNAKI
オリジナル・カラオケつき
CD SINGLE

ありがとう あなた
舟木一夫
K.FUNAKI
c/w めぐり逢う日を…
オリジナル カラオケつき
CD SINGLE

蜃気楼
舟木一夫
c/w さよならの朝に
CD SINGLE オリジナル・カラオケつき

CD SINGLE
君へ心こめて
29小節の挽歌
舟木一夫

芸能生活40周年記念曲
浮世まかせ
舟木一夫
c/w ありがとうも さようならも
オリジナル・カラオケつき

NHK みんなのうた
小さな手紙
御三家(G3K)
c/w 歌・舟木一夫

想い出カフェ・オ・レ
舟木一夫
c/w どうせ On The Rock
オリジナル・カラオケつき

明日咲く
つぼみに
舟木一夫

船頭小唄
舟木一夫
c/w 燦めく星座

恋唄
舟木一夫
たそがれの人

みんな旅人
舟木一夫
c/w 下町どこさ

湖愁
―この歌を口ずさむとき
十七才の想いがあふれる
舟木一夫

「その人は昔」のテーマ
c/w ROCK'N ROLL ふるさと
舟木一夫

春はまた
君を彩る
舟木一夫
c/w そばにいるから

眠らない
青春
c/w 恋人形
舟木一夫

決定版 舟木一夫の青春賛歌

大倉明［著］

はじめに

舟木一夫は今年、デビュー以来61年目に入っている。「歌は心で歌うもの」と言われるが、舟木には「歌は声で歌うもの」という持論がある。だから、ステージではテープを使わない〝ナマ歌〟にこだわり続け、78歳の今も奇跡の歌声と驚かれる声量で年間50を超えるステージをこなしている。この間、声帯に負担をかけずに〝いい声〟で聴いてもらうために発声法を変えたり、50周年を過ぎた頃には「高原のお嬢さん」や「哀愁の夜」などのキーをあえて半音上げたりという負荷もかけてきた。そして今、昭和の歌い手が、昭和の豊かな歌を、昭和といういい時代を味わった同世代の観客に聴いてもらいたいと歌う。

新型コロナ禍前までは、コンサートが始まって間もなく、「あゝ青春の胸の血は」や「君たちがいて僕がいた」など一連の〝青春歌謡〟メロディーに乗せて歌い始めると、舟木はステージ上を客席のほうに歩き、歌いながら腰をかがめて通路に並んだ観客一人一人と握手を交わして花束、プレゼントを受け取る。そして、ステージに設けた台上に一つ一つ丁寧に置き、それぞれの花が客席から見えるように並べていく。観客には形こそ違っても、かつて紙テープが舞った時代の〝流行歌の風景〟が蘇り、舟木ワールドが広がっていく。観客はこの景色が一日も早く戻ってほしいと願っている。

私は以前、あるインビューで「舟木さんにとって歌とは何ですか?」と尋ねたことがある。舟木は間髪を入れずに「命です!命そのものです!!」と力強く答えた。私はその物言いに驚いた。こんなに魂を込めて語ったのは初めてだったからだ。そして、「舟木さんにとって、お客さんとは?」という質問には「声と同じくらい命なんでしょうね」と答えた。振り返ると、舟木にはヒット曲もテレビ出演もないという10数年に及ぶ〝寒い時代〟があった。そんな時代を体験しながらも、舟木は決して「歌」を棄てることはなく、「お客さん」は舟木を忘れることはなかった。だからこその発言だった。

舟木は自分で納得がいく曲でないと〝新曲〟としてリリースしないという姿勢を続けている。50周年の年に三波春夫が歌った「明日咲くつぼみに」をリリースして以後は、60周年の年に「湖愁」をリリースするまでに5枚しか出していない。そのうちオリジナルは「春はまた君を彩る」の1枚だけだ。2022年12月にリリースした最新曲「湖愁」は、この本を読んでいただいたら分かるように、松島アキラのデビュー曲のカバー。舟木が「高校三年生」に巡り合う道筋を付けてくれた大切な曲で、舟木流にアレンジし直した。2023年の通常コンサートではアンコール曲として歌っている。

私は約10年前に舟木の50周年をお祝いする形で「舟木一夫の青春賛歌」(産経新聞出版)を上梓した。55周年には「舟木一夫　あゝ青春のプロマイド　505枚完全掲載」(徳間書店)の編集に協力させていただいた。その後60周年に寄せて、デビュー日にあたる２０２２年6月5日から舟木一夫を綴るブログを始めた。この本はそれらの中身をまとめる形で作られた。前著と同じ内容の部分もあれば、全く新しい情報も数多く入っている。前著は幸い〝青春賛歌〟として舟木のお客さんに親しまれてきた。その感謝の意味も込めて、タイトルにはあえて〝青春賛歌〟を残し、「決定版　舟木一夫の青春賛歌」とさせていただいた。

「80歳」、そして「65周年」へ。78歳の舟木と70代中心のお客さんとの〝同世代の旅〟はまだまだ続く――。

目次

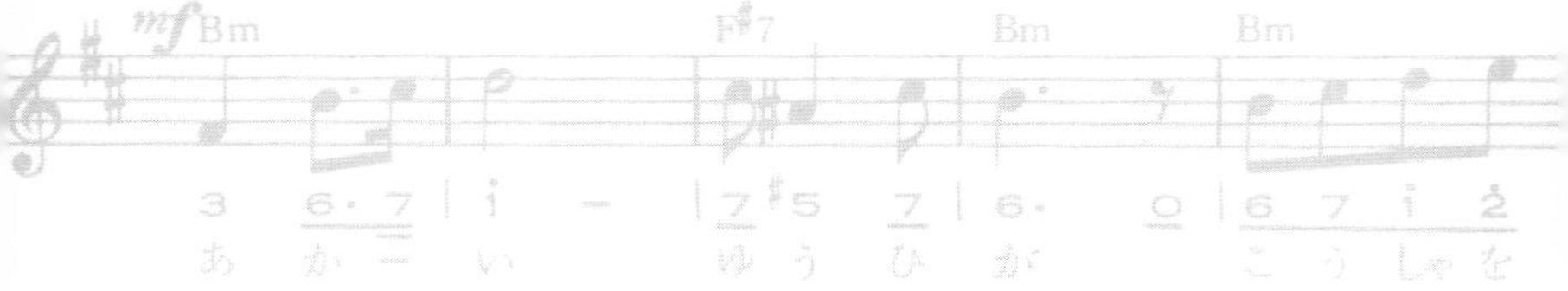
Bm F#7 Bm Bm
あかーい ゆうひが こうしゃを

mf
Bm
F#7
Bm
Bm
あかーい　ゆうひが　こうしゃを

インタビュー

舟木一夫が語る 過去、現在、そして未来の青春

—80歳で新曲、最後の1か月公演—

流行歌手で俳優でもある舟木一夫。２０２２年に芸能生活60周年を迎え、大劇場や全国各地で記念公演を行った。２０２３年12月12日には79歳になる。80歳が目前になり、65周年も視野に入ってきた。インタビューに応じる舟木は決して〝そんな年齢〟には見えず、ためらいもなかった。現在は年50回のペースでコンサート活動を展開していて、最近は「満員御礼」状態が続いている。絶好調の舟木から過去、現在、未来について聞いた。

—各コンサート会場で「満員御礼」が続いています

舟木　78歳で年間50本、一人で1時間45分から50分を全てナマ（歌）でやって、あれだけお客さん

松竹提供

に入っていただいている。お客さんの平均年齢も73歳前後ですから、それでどの会場も「満員御礼」というのは無茶苦茶な話、聞いたことないでしょう。これはもう奇跡ですね。僕が知る限り、流行歌百数十年の歴史の中でもないことだと思います。今はだいたい平均して月4、5本をこなしていますが、それがお客さんに納得してもらえるコンディションで歌えるサイクルなんです。いずれにしても、歌い手とお客さん、そして興行師さんの三拍子が揃わないと出来ないことなんですね。

――舟木さんから〝吹っ切れた感〟を感じます

舟木　僕は75歳を過ぎたころから吹っ切れたんです。だから、歌だけじゃなくトークにも表れていて、業界の揚げ足取りなんかも織り交ぜて楽しんでいただいています。もっとも、僕だけじゃなくお客さんも吹っ切れているんです。あと何年この人は歌えるか、ナマの声を聴けるか、私もあと何年聴きにこれるか。そこの吹っ切れが見事なんです。軽音楽や流行歌のお客さんがあんなに吹っ切れるんですね。こっちから見ていると、お客さんの聴き方・楽しみ方という面で、その吹っ切れが2、3年前から僕のほうに伝わってきました。だから、あれだけ満員状態になる。いい流れなんじゃないですかね。

―ステージでは声の調子が絶好調です

舟木　声の発声法については、これまでに何度も変えてきました。55周年記念公演の通し狂言「忠臣蔵」(2017年12月、新橋演舞場)が終わった2、3年前あたりから、発声法を〝最終の発声〟に切り替えようと思ってやったんです。それは具体的に言うと、テクニカルなことを一切使わないで地声を目いっぱい使ってやるということなんです。それが功を奏して、今は考えられないくらい(いい声の状態を)持ってくれているんです。気持ち的に吹っ切れていることと、いい声の調子が続いていることが、お客さんにも楽しんで歌を聴いていただくことになっているんだと思います。

―舟木さんにとって「60年」はどんな60年でしたか

舟木　僕は20代で自分のイメージ通り自分を作れなくて駄目になった時期がある。普通だとデビューして5年とか10年経つと自分の居場所とか歩く速さとかを芸能界的な意味で感じるようになる。それが悪い方向に繋がった場合、どうやってお客さんを引き留めるかという考え方になっていくんです。三分の一って法則があって、どっちでもいいよって人がいて、好きだって人が三分の一、嫌いだって人が三分の一。これはどの時代も変わらないでしょう。コーヒーが好きな人も、紅茶が好きな人も、緑茶が好きな人もいるわけだから、それは受け持ちってことになるのね。僕はぶきっちょでそれが出来なかった。やんなきゃいけないって肌でものすごく感じてた。肌で感じた分だけ余計に出来なくなっちゃうタイプだったから。それがあるトンネルの時期を抜けたことで、何となく50代の前半ぐらいに確信が持て始めたんです。やっぱりこれでいいんだってね。

――改めて、舟木さんにとって「高校三年生」はどんな存在ですか

舟木　レコーディングが終わってスタジオを出た瞬間、堀さん（ホリプロの堀威夫《たけお》社長）が「あんたの声は通常の流行歌手ってタイプじゃない。これは売れるかもしれないよ」っていう言い方をしたんです。だから、売れた時は「やったーっ」じゃなくて、堀さんも「やっぱりね」って感じでした。この歌はある時期からもうお客さんのもの。それがどんどん膨張しちゃって、今はその風船の中に僕も入っちゃってるって感じなんです。堀さんと出会ったことは大きいけど、その前に(週刊明星の)恒村嗣郎さん。デビュー前は偶然が重なり過ぎて、上から誰かが意図して僕をここに持ってきたんじゃないかと。同級生のガールフレンドがたまたま行けなくなった松島アキラショーで松島さんと「湖愁」を歌って、そこで恒村さんの目に留まって、そこから堀さんに繋がっていく……。

――「湖愁」を出されたことはプラスになっていますか

舟木　大変なプラスです。新曲セールスのためだとか、今時こういう歌、面白いんじゃないかとか、そういうことじゃないんです。60周年をやりながら、まだこの先行けそうだなって思っているから、自分の気持ちをリフレッシュすると同時に、いい意味で自己満足してスッキリするには何があるのか。その時、ふっと浮かんだ。「湖愁」だとね。決して不意に思い出したわけでなく、心の中にずっとあって、何年かに1回、ステージで歌ってきたんです。「湖愁」が1曲、ステージの中に入っているだけで疲れが全然違う。信じられない話ですね。ただ歌が好きなやつが好きな歌をいい声で歌いたいというだけの話だから、少年っぽいと言えば少年っぽいし、歌い手の健全な気持ちだと言えばそうとも言えるんです。

―新曲の予定はありますか

舟木　僕は今、「80」を目指しているんです。だから、新曲は再来年に出そうかなと思っています。それはもう、僕が歌いたい歌をっていうのでいいと思います。本人が歌いたい歌を歌わせてって、もう「80」なんだから。僕は昭和歌謡をやりたい。そういう歌をシングルとして作りたい。おいこれ時代錯誤じゃないの、古いものすごい詩が出てくるねっていう流行歌を作りたい。頭の中にあるメロディーとかこういう感じのものっていうのがあるので、問題はメロディーやアレンジより詩ですね。僕の歌でいうと、「哀愁の夜」と「京の恋唄」ですね。詩を外してメロディーとアレンジだけ聴いたら本当に流行歌らしい。すっごくいいメロディーです。

――お芝居の予定は？

舟木　もう一回だけチャンスがあるとすれば、やっぱり〝グッバイの公演〟ですよ。１か月公演はもうこれでおしまいですというグッバイ。今ぐらいの体の調子でグッバイをやりたいと言えば、話は成り立つんじゃないかと思っているんです。１か月公演のほかにもコンサートはもっとやりたい。今の時点で、僕は80歳を目標にしている。80歳を目標にしているってことは「65」っていうのをこの辺にぶら下げている。やっぱりね、馬の鼻先にはニンジンをぶら下げておかないと。だから自分自身に対してそれをやらなきゃいけない。「80」までは絶対クリアしないといけない。「80」の１年が過ぎると「81」。そうすると、中１年半で「65」。ニンジンはやっぱりぶら下げないと……。

――80歳までは大丈夫と太鼓判を押せます

舟木　60周年の際に、何百号って出ている後援会の会報誌「浮舟」の４００号くらいからずっと読んだんです。45周年の時に50周年迎えられれば万歳でしょうみたいなことを書いている。で、50周年になった時に、いや55周年迎えるにはあと2、３年歌ってれば下駄が履けるでしょう。で55周年の時には、もう60台は無理でしょう、もういくら何でももって。で60周年の時はもうそれはさすがに何も書いてないわけ。だから、ぴったり5年ごとに、自分で予防線を張っているんですね。用心深く行っているんです。ところが僕は今、ラストランにいい意味でなっているから「80」までこのコンサートを持つってことは多分持つ。やっぱり65周年で10大都市、あるいは20都市、そのくらいは行けるんじゃないか。ニンジンぶら下げたからね。

産経新聞社提供

本文中、敬称略いたしました。

第一楽章

「舟木一夫」の誕生

幼いころから歌好きだった「上田成幸」。
ジャズ喫茶で歌った「湖愁」がきっかけで
「名古屋に歌の上手い少年がいる！」。
東京のホリプロがスカウトに乗り出す。

浅草国際劇場のパンフレット。真ん中が1964年3月の初のワンマンショー

父親経営の劇場の道具部屋が遊び場だった

舟木一夫が愛知県一宮市萩原町串作《くしつくり》1015番地の時代劇に出てくるような長屋で、劇場を経営していた父・上田栄吉、母・昌子の長男として誕生したのは、1944(昭和19)年12月12日午前1時ちょうど。栄吉の記憶によると、萩原町一帯では当日、2日前から降り続いていた大雪で積雪は30センチを超えていた。夜になって昌子の陣痛が始まったため、栄吉は自転車を走らせ1キロほど離れた助産師宅にかけつけたが、深夜でなかなか起きてもらえず困ったという。栄吉は「考え込んだような顔をして生まれてきた」という長男を、自分が尊敬する2人の知将、楠木正成《まさしげ》と真田幸村の名前から1字ずつ取って成幸《しげゆき》と名付けた。

成幸が生まれる5日前の7日午後1時36分ごろ、紀伊半島南東沖を震源とするM7・9の東南海地震が発生。静岡県御前崎市、三重県津市で最大震度6を観測し、死者・行方不明者は1223人にのぼった。第二次大戦中の当時は暗いニュースとして詳細は報じられなかった。また、13日には米軍のB29爆撃機90機が愛知県名古屋市千種区の三菱発動機大幸《だいこう》工場(のちの三菱重工名古屋工場、跡地がナゴヤドーム)を爆撃している。元官僚で作家・堺屋太一が「団塊の世代」と名付けた第一次ベビーブームは大戦後の1947年から1949年までの3年間で、舟木はその前のギリギリ〝戦中派〟ということになる。

10年前に「舟木一夫の青春賛歌」をまとめるにあたって初めて、舟木の故郷・一宮市萩原町を訪ねた。JR名古屋駅から約10分で尾張一宮。名鉄尾西線津島行きの2両編成の真っ赤な単線電車に乗り換えて4つ目の萩原駅で下車して、舟木が本名・上田成幸の名前で作詞・作曲した「ROCK'N ROLL ふるさと」の歌詞にある〝道順〟通りに歩く。当時は「舟木一夫の生家」という案内板がある長屋が残っていたが、現在は新しいアパートに建て替えられ、アパートの前には萩原町郷土史研究会(事務局長・金子光二)の会員らによって「舟木一夫　ゆかりの地　跡」という看板が立てかけられている。

この辺りは濃尾平野のほぼど真ん中にあたり、尾張文化の中心地だったことを物語る遺跡も多く、江戸時代には、交通幹線の一つ、美濃路の萩原宿として賑わっていた。1896(明治29)年に萩原町となり、1955(昭和30)年4月に一宮市に合併されている。私が訪ねた時は人口2万人の静かなたたずまいの町で、萩原商店街の通りには江戸時代の名残の格子戸などもあった。なぜ、この地が舟木の故郷になったのか。

上田家は栄吉の母・とめ、つまり舟木の祖母の家系で、彦根藩の勘定奉行・上田常右衛門の血筋を引き、とめが若いころに巡業中の力士と駆け落ちして東京で小料理屋を開いた後、親戚を頼って萩原町に落ち着いたのが、上田家と萩原町の縁の始まりになる。とめは左腕に花札の入れ墨がある〝強者《つわもの》〟だった。その息子の栄吉は身長165センチの色男で、15歳のころに六代目尾上菊五郎に憧れて歌舞伎役者を目指したものの、とめに反対されて断念。一時は博打《ばくち》打になり、江戸屋一家を構えていた。だから舟木は「上田家は僕も含めて三代、カタギがいないんです」と冗句で話す。

栄吉は日中戦争で7年余り中国各地を転戦。体を壊して帰国後は足を洗い、住まいの長屋から通り一つ隔てた所にあった萩原劇場を安く買い取って経営した。藤山一郎、霧島昇、浪曲師・酒井雲坊時代の村田英雄ら地方巡業中の流行歌手の公演のほか、旅回りの芝居、相撲の巡業興行も行うなど一時は流行っていた。舟木があの巨漢力士・大内山《おおうちやま》に抱かれている写真も残っている。羽振りのいい頃は、劇場の横に座敷や風呂もある長屋とは別の〝住まい〟があり、常時4、5人の若い衆がいて、成幸は「わか」とか「ぼん」と呼ばれていた。

成幸はその頃から劇場の奈落にあった道具部屋に入り込んでは、積んであった柳行李《やなぎごうり》を引っ繰り返して十手、刀、槍《やり》などを持ち出して花道で見栄を切ったり、近所の子供たちとチャンバラごっこをしたりしていた。4歳の時、ある興行の千穐楽の打ち上げで、部屋と部屋の間の敷居の所に置いてあった一升瓶を口に突っ込んで酒を飲んだ状態でダウン。医者に急性アルコール中毒と診断され、2日間、生死の狭間をさ迷った。それがトラウマになり、以来、酒は一切飲めなくなった。

劇場はやがて映画館に衣替え。片岡千恵蔵、市川右太衛門、月形龍之介らの時代劇や、エノケンこと榎本健一の娯楽映画などを上映していた。栄吉が他人の借金の保証人になったのが原因で人手に渡ってしまうが、栄吉の顔で他の映画館も顔パスだった成幸は、この間に数多くの時代劇に接し、中でも中村錦之助(のちの萬屋錦之介)らが出演した東映の「笛吹童子」(1954年)と「紅孔雀」(1955年)が強く印象に残っている。幼いながらもこの時に得た時代劇の知識が、のちの東京・新橋演舞場や大阪・新歌舞伎座、京都・南座などでの〝舟木組〟による1か月公演の娯楽時代劇にも生かされていくことになる。

三橋美智也の歌声に衝撃受ける

成幸が一宮市立萩原小学校に入学するのは1951(昭和26)年4月1日。この年は紅白歌合戦が始まった年でもあり、1月3日午後8時から、NHKラジオで「第1回紅白歌合戦」が放送された。実況は東京・内幸町の東京放送会館第1スタジオで行われ、白組、紅組とも7人が出場。菅原都々子の「憧れの住む町」で幕が開き、ファンからの応援電話が鳴りやまない中、白組が優勝した。1回だけの予定で、放送時間も1時間だったが、評判が良くて翌年以降も続けられることになった。大晦日に行われるようになったのは、1953年の第4回から。回数が合わないのは、この年の

2月1日からNHKが東京地区でテレビの本放送を始めたためで、1月2日（第3回）に続いて大晦日にもラジオとテレビの同時中継が行われた。

成幸が1年生の時、学校から帰ると家の中がガラーンとしていて、母・昌子の姿がなかった。栄吉が映画館を手放したうえ、家財道具も売ろうとした矢先、昌子がいち早く金目の物を自分の実家に送り、自らも実家に戻ったのだ。成幸は普段から夫婦の様子を見ていて、子供ながらに〝この日〟が来るのを予感していた。「ああ、母さん、いなくなったなぁ」と思うだけで涙も出なかった。やがて2番目の〝母親〟がやってきた。この女性を含め、小学6年生までの間に計8人が現れては消えていった。1泊2日の女性、掃除ばかりする女性、一生懸命家計簿をつける女性……。いずれも個性的な女性ばかりだった。

一番長い女性は1年半続いたが、小学3年の時、一時途切れる時期があった。成幸は「親父、とうとう食い詰めたな」と思った。そんな夏の夕方、成幸が自宅の縁台で夕涼みをしていると、栄吉が誰かに追われて全速力で帰ってきた。栄吉は靴を履いたまま上がり込み、タンスの中の金をわしづかみにして駆け抜けていった。追ってきた男は成幸にピストルを突きつけて「親父はどこだ！」と迫った。成幸には訳が分からなかったが、栄吉が近くの萩原駅から電車で逃げるつもりだと察知して時間稼ぎをした。成幸は数分後、電車が駅を出る音を聞いて安堵した。

それから何日か後、栄吉は成幸を静岡県浜松市の戦友宅に連れていった。栄吉は戦友に「金を工面してくるので、息子を1週間だけ預かってくれないか」と言い残して立ち去った。成幸は生まれて初めて、納屋で〝独り暮らし〟を始め、食事の時だけ母屋で戦友夫妻と顔を合わせていたが、1週間を過ぎると気兼ねして、ドンブリにご飯だけもらって納屋で食べるようになった。納屋にはなぜか醤油と割り箸があった。成幸は考えた。昼間、割り箸を納屋のトタン屋根の上で干してヒビ割れさせて醤油を染み込ませ、これをしゃぶりながらドンブリ飯をかき込んだ。空腹をまぎらすためのアイデア。栄吉が迎えにきたのは3週間後だった。

小学4年の時、栄吉が成幸をあちこち連れ歩いているのを心配した昌子が、栄吉に「シゲちゃんを引き取りたい」と申し出た。栄吉も大変だったから「シゲ、ちょっと暮らしてみるか」ということになった。昌子は国鉄マンと再婚していた。ある日の夕食で、成幸がすき焼きの肉をつまんだその瞬間、国鉄マンに箸でビシャッと叩かれた。成幸はあまりのショックで、それ以来、顔面神経痛のような症状が止まらなくなった。4か月後にやっと栄吉が連れ戻しにきてくれた。

成幸は栄吉の都合で小学校を4回転校したり戻ってきたりしていた。当時は家庭訪問がなかったので、成幸の家庭環境を正確に把握している先生はいなかった。成幸が小学6年の時に書いた「赤いシャツ―四年生の思い出」という作文も、1学期に親に作ってもらった赤いセーターを学校に着ていったら、みんなから「赤シャツ」と呼ばれるようになったと、日常を淡々と綴っていて、他の児童と変わったところは見当たらない。成幸が浜松から萩原町に戻ると、祖母・とめから100回肩を叩くご褒美としてハーモニカを買ってもらった。嬉しくて学校に持っていき、皆の前でよく吹いていた。これがきっかけで音楽に目覚めたようで、当時学校で流行っていたソフトボールには興味を示さなかった。

成幸が5年生の1956(昭和31)年7月15日、栄吉は9番目の妻・節と正式に結婚した。成幸にとっては本当の意味での〝育ての親〟になる母だった。6年生の時には学芸会でコーラス隊をバックに「♪山は白銀……という「スキー」の歌を独唱し、級友や先生方に大きなインパクトを与えた。学芸会の後の保護者との懇親会には「ほとんど学校に顔を出したことがない上田君のお父さんも和服を着て参加しておられました」(1年の時の担任)という。成幸は「スキー」の独唱が受けたことが契機で音楽に一層興味を持つようになった。

ちょうどその頃、成幸はラジオから流れる三橋美智也の「おんな船頭唄」(1955年)や「哀愁列車」(1956年)を聴いて「なんて透明度の高い歌声だろう」と強烈なショックを受けた。1954(昭和29)年4月から〝集団就職列車〟が運行を始め、金の卵として地方から上京してくる若者が相次ぎ、東京への夢や故郷を思う心を歌った歌謡曲が流行。とりわけ北海道で民謡を勉強した後、19歳で上京してボイラーマンの仕事をしているうちに見いだされて歌手になった三橋人気は抜群で、1956年から翌年にかけては「三橋で明けて三橋で暮れる」とまで言われていた。

♪【コラム】 三橋美智也めぐり大暴れ

舟木が小学4年生のある日、ラジオから三橋美智也の「おんな船頭唄」と「哀愁列車」が流れてきた時、「なんて透明度の高い歌声だろうと強烈なショックを受けた」。それ以来、三橋の大ファンになった。デビューして半年ほど経ったある日の暮れ近くだった。仕事を終えてタクシーで帰る途中、ラジオから春日八郎の歌が流れ、次に三橋の歌になった。すると、運転手は突然スイッチを切って三橋の悪口を言い出した。運転手は舟木を乗せていることは承知していたが、舟木が三橋のファンであることは知らなかった。三橋の悪口がしばらく続いた。舟木は初めは聞き流していた。

しかし、当時舟木が住んでいた四谷のアパートに近づいた時だった。頭にきた舟木はいきなり「止めろ!」と言ってタクシーを降りた。2人は車の外で大ゲンカになり、舟木はついにタクシーのボンネットに飛び乗ってフロントガラスを叩き割るなど大暴れした。今だったら、間違いなく器物損壊容疑で逮捕され、新聞にも大きく取り上げられただろう。しかし、運転手は相手が売り出し中の人気歌手だったうえ、騒動の原因を作ったのは自分だと思ったのか、110番通報しなかったばかりか被害届も出さなかった。

2、3日後、舟木が公演中の新宿コマ劇場の楽屋口に女性が面会に現れた。係員が要件を聞くと、舟木に謝罪したいという。あの運転手の奥さんで、菓子折りを持っていた。楽屋で話を聞いていると、あの〝事件〟で夫の運転手は会社から乗車停止処分を受けたという。舟木は責任を感じた。所属していたホリプロを通じてタクシー会社に事情を説明して、乗車停止処分を解いてもらった。一件落着だが、実は、この話には後日談がある。

三橋がこの派手なケンカ劇をどこかで聞いたらしく、しばらくして舟木に「会って話がしたい」と電話があった。指定された東京・赤坂の料亭で会うと、三橋から「舟木君、主張することは大切だが、聞く耳を持ち、相手の立場を理解することも大切だ。とにかく歌手はケンカをしてはいけないよ」と諭された。以来、三橋からは親しく付き合ってもらった。三橋が1996（平成8）年1月8日に65歳で亡くなった時は、舟木が〝寒い時代〟を潜《くぐ》り抜け、着々と復活しつつある時だった。

ベラフォンテの「マティルダ」に興奮

成幸は1957（昭和32）年4月1日、一宮市立萩原中学校に入学。お祝いに、栄吉から「もの思わざる頃の思い出こそ最も尊く　また忘れえぬ心のしおり　わがうつし世の姿　この思い出のごとくあれかし」と書いたアルバムを贈られた。入学と同時に得意な水泳部と音楽部に入部した。音楽部の20人は全員女性。躊躇《ちゅうちょ》していると、音楽担当教諭の北原雅が「やっと男が来たか。お前が部長だ。やりたいようにやれ」と激励した。この言葉に乗せられ、成幸は2学期になると自ら勧誘して部員を増やし、全員に上下2列になったサカホン（日本教育楽器が教育用に開発したハーモニカ）を持たせてハーモニカ・バンドを結成。「アルルの女」や「おおスザンナ」などをレパートリーに、リーダーシップを発揮した。

一宮市萩原町で飲食店「うを六」を経営している、成幸の小中学校時代の同級生・樋口勝彦は「シゲちゃんは小学生のころは、私たちがソフトボールや相撲をやっている時に、遠くから見ていると いう感じでした。のちの人生を考えると、シゲちゃんは北原先生と巡り合ったのが大きい。音楽部では先生の指導で難しい曲を演奏していたし、先生のピアノで唱歌の指導も受けていました。自宅ではラジオから流れてくる三橋美智也、春日八郎、三波春夫などの歌をよく聴き、歌っていましたよ」と話す。舟木のお客さんは名古屋周辺でコンサートがある時は時間があれば「うを六」まで足を延ばすという有名店だ。

まもなく、栄吉と節の間に成幸とは13歳違いの弟、幸正《ゆきまさ》が誕生。その時、成幸には養女で姉の恵子がいたが、初めての実弟だった。成幸は小学4年の時、4番目の母が妹を産んだものの、黄疸で2週間後に亡くす体験をしている。それだけに、幸正の誕生は成幸にとってこの上ない喜びだったが、同時に「弟には自分と同じ貧乏の苦労をさせたくない」という使命に似たものを感じた。その言葉の通り、成幸は暇さえあれば幸正を可愛がっていた。小学校の先生や同級生は弟思いの成幸の姿を、さまざまな場面で目撃している。樋口も「自転車の前カゴによく弟を乗せて校庭を走って子守りをしていましたね」と話す。幸正には、もの心つくまでに世間並みの暮らしをさせよう。そのためには、自分はどんな仕事に就けばいいんだ。成幸は子供ながらに真剣に考えた。

そんな中学1年の夏休み、何気なく聞いていたラジオから、ハリー・ベラフォンテの「マティルダ」が流れてきた。1959年4月にニューヨークのカーネギーホールで行われたコンサートのライブ盤LPに収められている曲だという説明があった。「マティルダ」はコンサートのラスト曲で、ベラフォンテが客席に向かって、前半分、後半分、一階席、二階席へと順番にコーラスを要請、最後は全員の大コーラスになった。興奮と感動が成幸の体を電流のように駆け抜けていった。素晴らしい。

そのLPがどうしても欲しくなった。調べたら1900円もする。成幸は姉が勤めていた一宮駅近くの大口屋デパートで1か月間、自転車で商品を配達するアルバイトをしてLPを手に入れた。

ベラフォンテは米ニューヨーク・ハーレム生まれのジャマイカ系歌手で、1956年の「バナナ・ボート」で世界のスターダムにのし上がった。翌年には日本でも浜村美智子が「♪デーオ、デエエオー……と歌って大ヒットしている。ベラフォンテは1960（昭和35）年7月に初来日し、14日から東京・サンケイホールと大阪・毎日ホールで7日間の公演を行っている。公演の模様は、なかにし礼の「世界は俺が回している」（角川書店）に詳しく、ベラフォンテが「私と共にある観客が映っていないVTRの放送は許可できない」とダメ出しするくだりは、のちに舟木が「お客さま」を大切にする姿勢に通じるものがある。来日公演は作家の三島由紀夫も7月15日付毎日新聞夕刊で〝褐色のアポロ〟と大絶賛している。

舟木はコンサートの後半でバンドの演奏を止めて、シーンとした会場で「高校三年生」や「学園広場」を観客同士で合唱してもらうことがある。客席をいくつかのグループに分けて、輪唱のように順番に歌ってもらうということもあった。ベラフォンテがカーネギーホールで行った「マティルダ」の場面を意識してのことだったのか。そんなベラフォンテは2023（令和5）年4月25日、ニューヨークの自宅でうっ血性心不全のため亡くなった。96歳だった。ベラフォンテに感動した成幸はある時、友人宅のテレビで某歌手が歌っているのをたまたま見て、「この程度でも沢山のお金をもらえるのか。これだ！ これしかない！」と直感し、〝歌手〟という職業に興味を持つようになった。

成幸は中学2年のある日、それまで一度も頼みごとをしなかった栄吉に「小遣いは一銭もいらないから、歌の勉強をさせて欲しい」と話した。栄吉はかつて歌舞伎役者への憧れを断念せざるを得なかった自分の少年時代を思い出したのか、意外にも「どうせ習うのなら一流の先生にしろよ」とまで言って賛成してくれた。善は急げ、だ。成幸は翌日、音楽担当教諭の北原に「音楽を基礎から学びたいので、いい先生を紹介してくれませんか」と頼んだ。しばらくして紹介されたのは、NHK名古屋放送局で60人のコーラスグループ「東海メールクワイアー」の常任指揮者として活躍していた山田昌宏だった。

成幸は中学3年の一学期から毎週土曜日の午後、萩原町から約40分かけて名古屋市内の山田の教室でレッスンを受けることになった。レッスンはクラシックの基礎であるコールユーブンゲン（ドイツの音楽家、フランツ・ヴュルナーによる声楽の教則）で音感を鍛え、その後にコンコーネ（イタリアの作曲家、ジュゼッペ・コンコーネによる声楽の教則）と、段階を踏んで本格的に習った。そのうち週1回では少ないということで、成幸は教室に近い高校を探し、1960（昭和35）年4月に学校法人愛知学院愛知高校に進学。それまでの土曜日に水曜日の放課後も加わり、週2日のレッスンンになった。山田は月謝を据え置いてくれたうえ、年1回開いていたコンサートに成幸を出演させて伊藤久男の「あざみの歌」を歌わせたりしてくれた。人前で歌謡曲を歌うのは、この時が初めてだった。

地元テレビ局の「のど自慢」で優勝

1960年は、のちに舟木、西郷輝彦とともに「御三家」と呼ばれるようになる橋幸夫が日本ビクターから「潮来笠」でデビューし、所得倍増計画を打ち出し高度経済成長への道筋を作る池田勇人内閣が発足した年であり、テレビ受信契約数が500万件を突破し、カラーテレビの本放送が始まったことをとらえて「NHK年鑑」(NHK出版)が「テレビ時代来る」と記した年でもある。新聞各紙の「ラ・テ欄」でテレビとラジオの上下が逆転したことが象徴している。世の中は岩戸景気に沸き、1959年には講談社から「週刊少年マガジン」と「週刊現代」、小学館から「週刊少年サンデー」、文藝春秋から「週刊文春」などの雑誌の創刊も相次いだ。

成幸の歌への意気込みに押されて、栄吉は中古ピアノやテープレコーダーを買い与えて〝援護射撃〟した。成幸の同級生である樋口も「シゲちゃんの部屋でよく遊びましたが、お父さん(栄吉)が買ってくれたという大きなステレオがあったのを覚えています。お母さん(節)も宝塚の入団試験を受けたくらいの人で音楽に理解があったので、歌を勉強する環境には恵まれていたと思います」と証言している。成幸はディック・ミネや淡谷のり子のブルースにも興味を覚え、気になった歌詞はボールペンで大学ノートの1ページに4曲ずつ書き留めていった。このことは友人も良く知っていて「お前、書き慣れているだろう」と、ラブレターの代筆もやらされた。相手から返事が来ると、また返事を書くということで、結構大変な作業だった。

高校2年の春、成幸は栄吉に「歌手になりたい」と初めて打ち明けた。ところが期待に反して、栄吉は「それはだめだ。歌を勉強することと、それを職業にすることは別だ。芸能人ほど浮き沈みの激しい商売はないことは俺が一番知っている」と猛反発。しかも、これまで見聞きしてきた芸能界の実例を挙げて成幸を説得しながら絶対反対を通した。悔しい成幸は節に家出を匂わせる発言をして抵抗して見せたが、栄吉には届かなかった。

1961(昭和36)年はNHKで「夢であいましょう」(4月)、日本テレビで「シャボン玉ホリデー」(6月)という音楽バラエティー番組がスタート。「夢であいましょう」では毎月、作詞・永六輔&作曲・中村八大で「今月のうた」が作られ、10月発売の坂本九の「上を向いて歩こう」が爆発的なヒットになっていた。こんな音楽環境も成幸を刺激したに違いない。

自分の実力を広く認めてもらうしかないと考えた成幸は、思い切った行動に出た。高校2年の三学期、地元のテレビ局、ＣＢＣ（中部日本放送）の人気のど自慢番組「歌のチャンピオン」に学校をズル休みして出演した。毎週レッスンを受けていた山田にも知らせなかった。この番組は１９５８（昭和33）年３月から１９６５（同40）年１月まで、毎週月曜日（のちに土曜日）午後０時15分から40分までの生放送。毎回、４組（８人）の出場者の中からトーナメント方式で優勝者を選び、毎回の優勝者の中から５週に１回の「チャンピオン大会」でチャンピオンを決定するという内容で、白根一男、曽根史郎（のちに史朗）、藤本二三代らがゲスト出演していた。

成幸はテレビ出演前の予選で平野こうじの「白い花のブルース」、初めての出演では佐川ミツオ（のちに満男）の「この涙誰か知る」、そしてチャンピオン大会で松島アキラの「湖愁」を歌い、見事チャンピオンに選ばれた。賞品と賞金３０００円を手にしたが、成幸には自分の歌が公の場で認められたことにこそ優勝の意味があった。ところが、嘘は隠せない。出先で用談中だった栄吉は、近くのテレビで成幸が緊張し切った顔で歌っているのを見つけ、慌てて用談を中断して自宅に戻って節にただしたところ、「あまり叱らないほうがいいですよ。好きなことは仕方ないですからね」と言われた。たまたま風邪で学校を休んでいた担任教諭も、自宅で見ていて仰天。成幸は後日、大目玉をくらった。ともあれ、チャンピオンになったことで、地元では〝歌の上手い高校生〟という噂が一気に広がっていった。

成幸が節にだけは事前に相談していたらしいことを知った栄吉は、複雑な心境になるとともに、成幸はそこまで決意が固いのかと思い知らされた。しかし、成幸の将来を考えると、歌手になることを許す気にはなれなかった。一方の成幸はのど自慢番組でチャンピオンになったことから、弟の幸正のためには歌手になるしかないという思いがますます強くなった。そんな三学期も終わろうとしていた1962(昭和37)年3月、同級生の一人から「今度の土曜日の午後に名古屋のジャズ喫茶でガールフレンドと初めてデートをする約束だったけど、彼女に急に部活の予定が入って行けなくなった。切符が余ったから俺と行かないか」と誘われた。成幸は単なる興味から軽い気持ちで「ああ、いいよ」と答えた。

広がる噂「名古屋に歌の上手い少年がいる」

3月の土曜日、彼女にフラれた同級生と、名古屋のジャズ喫茶「ジャズコーナー」に行った。当時のジャズ喫茶は、クラシックのレコードをかける音楽喫茶とはやや趣を異にし、生バンドを演奏して聴かせる現在のライブハウスに近いもので、全国的に流行っていた。当日の目玉は、午後2時開演の松島アキラショーだった。松島は成幸と同じ1944(昭和19)年7月5日、東京・京橋生まれ。中学生の時、銀座のジャズ喫茶「銀座ACB(アシベ)」に通い始め、やがてウエスタン・キャラバンの一員としてステージにも立っていたが、1961年9月に日本ビクターから「湖愁」でデビューすると大ヒット。「スピッツ」の愛称で一躍人気歌手になった。

松島のジャズ喫茶での選曲・構成は、最初と最後が「湖愁」、間に「恋の汽車ポッポ」や「ベイビーフェイス」などのポピュラーを入れるという形が一般的で、名古屋の「ジャズコーナー」でも同じような形でショーが進み、最後に司会者が「もう一度、『湖愁』を歌っていただきます。どなたか松島さんと一緒に歌いたい方はいませんか？」と会場を見渡した。成幸らが座っていたのは、ステージからも良く見える前から2列目の席だった。「湖愁」は成幸の好きな歌で、本物を再びナマで聴けるのかと胸躍らせていた時、左隣に座っていた同級生がいきなり成幸の左手首をつかみ、ぱっと挙げて「歌います」。他に手を挙げる客はいなかった。司会者から「じゃあ、そこの君、ステージに上がってください」と促されるまま、成幸はステージに登壇。すぐに歌詞を渡されマイクの前に立たされたのだが、のちにインタビューした松島本人によると、「実はショーが始まる前に、興行師さんから『湖愁』を上手く歌う少年が来ているから、是非聴いてやって欲しいと言われていたので、いいですよ、と。そんな会話があったんですよ」と明かしてくれた。地元で人気のテレビ番組でチャンピオンになって以降、成幸は〝地元の有名人〟になっていたのだ。そんな事前の〝打ち合わせ〟があったことなど露ほども知らない成幸は、とにかく必死に歌い、歌い終わったらショーも幕引きになった。

松島は話す。「いやあ、上手かったですね。周りにいたスタッフにも、『俺よりいいんじゃないの？』って真面目に言ったのを今でもよく覚えていますよ」。会場には松島のマネジャーの相澤秀《ひで》禎《よし》もいて、成幸の歌を聴いていた。相澤はのちに西郷輝彦のマネジャーを務めた後、サンミュージックプロダクションを立ち上げた業界の重鎮だ。成幸が店を出ようとしたところ、一人の男に呼び止められた。渡された名刺には「週刊明星記者　恒村嗣郎」とあった。松島のショーの取材のために東京から同行しているという説明を受けた。「悪いけど、住所と氏名、電話番号を教えてくれない？」。無難に歌い終えて、気分が乗っていたこともあって、成幸は恒村が差し出した紙に言われるままに書いて渡した。恒村は帰京後、「名古屋にものすごく歌の上手い少年がいる」という話を何人かの音楽関係者に話した。

その中の一人に堀プロダクション（現・ホリプロ）の社長・堀威夫がいた。堀は１９３２（昭和７）年10月15日、横浜・六角橋の生まれ。16歳の時に仲間とハワイアンバンドを結成後、大学時代にウエスタンバンド「ワゴン・マスターズ」に入団。１９５７年には「堀威夫とスイング・ウエスト」を立ち上げた。高校生の守屋邦彦も参加していた。堀は渡辺プロダクションの渡辺美佐とも相談。ウエスタン・カーニバルの出演者に水原弘と井上ひろしがいることに目を付け、守屋邦彦を守屋浩に改名、山下敬二郎、平尾昌晃、ミッキー・カーチスの〝ロカビリー三人男〟の向こうを張って〝三人ひろし〟で売り出しを図った。その後、3人それぞれに歌を歌わせようと、水原が「黒い花びら」、井上が「雨に咲く花」、守屋が「僕は泣いちっち」を歌いスターになる道を開いた。

堀はその後、紆余曲折があり、1960年秋に「有限会社堀プロダクション（1963年1月に株式会社ホリプロダクション、1990年10月に株式会社ホリプロに改称）」を設立。守屋のほか、かまやつひろし、斎藤チヤ子、北村英治クインテット、チャーリー脇野とゲイ・ポップス・オーケストラ、田邊昭知《しょうち》とザ・スパイダースという陣容で新しいスタートを切ったが、経営的には苦しい時期が続いていた。だから、恒村の話を聞いた堀は早速、自分の目で確かめるために夜行列車で名古屋に向かったが、「行ってみたら上田君の自宅は名古屋より先だったんだよ」。結局、この時は成幸に会えないまま帰京した。しかし、成幸の歌をこの耳で聴いてみないと話は進まない。とにかく成幸の歌声を入れたテープを郵送してもらおうと、恒村から聞いたところに電話し、出てきた栄吉に要件を伝えた。

ホリプロから「東京に出てきて欲しい」

東京の芸能プロからの突然の電話に、栄吉は不信感を抱いた。堀が当時を振り返る。「舟木君の親父さんは当時、芸能プロダクションというのは非常に胡散臭《うさんくさ》い商売をやっているところだと決めつけてガードを固めていた。本人がそういう商売をしていたから同じような商売だと思い込んで、そうじゃない芸能界があることを知らなかったんですね」。乗り気でなかった栄吉だったが、学校から帰ってきた成幸に「ホリタケオという人を知っているか。ツネムラさんの紹介だと言って電話してきたぞ」と伝えた。成幸はすでに1か月近く経っていたため忘れかけていたが、栄吉にジャズ喫茶での出来事を話した。栄吉は「芸能プロダクションの社長さんだそうだ。お前の歌を聴きたいのでテープを送って欲しいと言っていたぞ」と説明した。

テープを送って欲しいと言われたものの、まだカラオケがない時代。成幸はいろいろ考えた末、学校と友人からオープンリール式のテープレコーダーを1台ずつ借りてきて、何回もダビングを繰り返して自作のカラオケテープを作り、これに一番自信があった松島アキラの「湖愁」を吹き込んで発送した。受け取った堀は聴いて驚いた。今でも、その時の感動を覚えている。最初はレコード盤の音を生かした見事なオーケストラによる前奏、1番の歌に入る前に、その音がプツンと切れて成幸の歌だけになる。アカペラだ。歌が終るとまたオーケストラになり、2番の歌はまたアカペラ。エンディングまでこの調子で、この間、テンポが寸分もズレないまま作り上げていた。

堀は話す。「歌は確かに上手かったのですが、私は歌の上手い下手より彼の几帳面さに惚《ほ》れ込んだんです。当時、流行歌手はややルーズな無頼の徒みたいなところを勲章にしていて、人気者になるとある種の権力を持つという傾向がありました。私は常日頃からそういう価値基準がおかしいと思っていたので、彼がスターになったら、理想的な歌手になると信じていましたね」。そんなことも知らない成幸は、真剣に丁寧に作ったテープなのに、堀からの返事がない。3か月にも4か月にも感じた。やはりダメだったのかと諦めかけていた矢先、堀から電話があった。「良く出来ていた。感動したよ。近く名古屋に行くので、お父さんと一緒に会えないかな」。父親も一緒にと言ったのは、この親を説得しない限り話が一歩も進まないと考えたからだ。

堀は手ぶらで会うつもりはなかった。ガードを固めていた父親を納得させる策を講じた。成幸がNHK名古屋放送局のコーラスグループの常任指揮者である山田の教室で、クラシックのレッスンを受けていることを知り、NHK名古屋放送局に勤めていた義理の兄を通じて、山田に自分の〝身分照会〟をしてもらったのだ。そして、栄吉、成幸、山田の3人は、名鉄ホールで行われていた守屋浩ショーを見るために名古屋に来ていた堀とNHKのロビーで初めて顔を合わせた。1962(昭和37)年4月のことだった。この時は「東京へ出てきて欲しい」「高校だけは卒業したい」など希望を言い合っただけで、具体的な話は東京で行うことになった。

同月29日に栄吉と成幸が上京。墨田区錦糸町のジャズ喫茶「サルバドル」で堀プロのマネジャー・阿部勇と会った。阿部との話し合いで、①成幸を出来るだけ早く上京させる、②上京後は堀プロが責任をもって成幸を目黒区の自由ヶ丘学園高校に編入させる、③当面は新宿区若葉の阿部が住むアパートに下宿させる――などが決まった。成幸にはもはや躊躇するものは何もなく、栄吉もとうとう諦めて成幸を一人で上京させる決意をした。翌5月14日早朝。栄吉は節とともに国鉄・尾張一宮駅まで成幸を送っていき、列車を待つホームで、成幸に「芸能界というところはとても厳しい世界だ。たとえ失敗しても心配せずにまっすぐ家に帰ってくるんだぞ。お父さんもお母さんもいつでも喜んで迎えるからな」と話し、両親で急行列車を見送った。

恩師・遠藤実のもとでレッスン

東京駅に着いた成幸は、堀プロダクションのマネジャーらに迎えられ、阿部が住む新宿区若葉の2階建てのアパート「青葉荘」に案内された。表札には「AOBASO」と記され、中は2畳敷きの板の間に3畳間と6畳間があった。成幸は3畳間に居候《いそうろう》することになった。部屋にはすでに両親から送られた布団包みが届いていた。堀プロの手配で早速、自由ヶ丘学園高校の3年生に編入した。

翌6月には早速、堀から「日本コロムビアからデビューすることになると思うが、浜口庫之助《くらのすけ》先生と遠藤実先生の2人の作曲家なら、どちらの先生がいいかな?」と聞かれた。当時、浜口は守屋浩の「僕は泣いちっち」や「有難や節」など、遠藤も小林旭の「アキラのズンドコ節」、こまどり姉妹の「ソーラン渡り鳥」、五月みどりの「おひまなら来てね」などをヒットさせていた。成幸は自分の声質、雰囲気を考えて「遠藤先生にお目にかかりたいと思います」と答えた。成幸の希望は受け入れられ、この時点で〝師匠・遠藤実〟が決定した。遠藤の自伝「涙の川を渉るとき」（日本経済新聞出版）によると、遠藤は週刊明星の恒村に連れられてきた成幸と日本コロムビアのスタジオで初めて会った。

成幸はここでコロムビアに入るためのオーディションを受けた。成幸はここでも「湖愁」のほか、山田真二の「哀愁の街に霧が降る」、平野こうじの「白い花のブルース」を歌った。ピアノを弾いていた作曲家の山路進一は「コロムビアのオーディションなんだから、1曲ぐらいはコロムビアの歌手の歌を歌うもんだけどね。君は面白いね」と伝えた。遠藤は「流行りの歌い方ではあったが、それ以上ではない。しかも様子をうかがっていると、彼はいつも自信がなさそうに俯《うつむ》いてばかりいる。果たして芸能界で生きていけるだろうか。歌の評価の前にそんな心配が頭をもたげた」と書いている。

しかし、コロムビアには当時、成幸が高校を卒業し次第、すぐに歌手デビューさせたいという事情があり、成幸はオーディションに合格した後、早速、杉並区西荻窪の遠藤の音楽教室でレッスンを受けることになった。教室にはデビュー間近の土曜日クラスと、そこまで至らない水曜日と木曜日のクラスがあったが、成幸はいきなり土曜日のクラスに入れられた。のちの笹みどりら同世代の女性も何人かいた。レッスンは何人かが一緒に受けた。照れ屋だった成幸は、同年代の同じ目標を持った女性の前では満足に声を出して歌うことが出来なかった。そんな成幸に、遠藤は未発表曲も含めいろんなタイプの歌を歌わせ、藤島桓夫《たけお》の「お月さん今晩わ」の時には「上手い!」と褒めながら、もっと声を出すように指導したが、初対面以来の不安は半年近く経っても払拭出来なかった。遠藤は「レコーディングの直前まで心配していました」とのちに語っている。

成幸が住み始めた「青葉荘」がある新宿区若葉は、当時の国電・四ツ谷駅から新宿寄りに約200メートル行った南側一帯のところ。成幸はここから目黒区の自由ヶ丘学園高校、中央線西荻窪駅近くの遠藤実の音楽教室に通うかたわら、上智大学グラウンド前の土手まで降りて夜な夜な発声練習を続けていた。ある夜、同じ土手で大声を張り上げている中年の男性がいて、暗闇の中で「長嶋行けぇー」「ホームラン王ーっ」「いいぞ!・藤田」などとプロ野球・読売巨人軍の選手の名前を連呼していた。気になった成幸は、その中年男性のところへ行って「おじさん、ジャイアンツファンですか。僕もファンですよ」。嬉しくなった男性はいろいろ質問してきたため、成幸は歌の修行のために単身上京していることなどを話した。

実は、この男性が巨人軍の私設応援団長として名をはせていた、当時40歳の関矢文栄だと後で分かるのだが、最初の出会いではお互いの名前を名乗らないまま別れた。当時の「週刊サンケイ」によると、関矢がいつものように仕舞い湯の時間帯に若葉の銭湯「梅の湯」に行って浴場の戸を開けたとたん、湯気の中から土手で聴いた時と同じ若い声でフランク永井の「夜霧の第二国道」が流れてきた。その周りで、同じように故郷を離れて単身生活している同世代の蕎麦屋の出前持ち、自転車店の店員らが聴き惚れていた。関矢は、若い者同士が励まし合い、慰め合っている光景を見て胸が熱くなった。お互いに自己紹介して、関矢はこの時から巨人軍とともに成幸の応援団長も買って出ることになった。

関矢は、いまどき珍しく純情な成幸に惚れ込み、銭湯「梅の湯」の主人・田中慶一に相談。2人を軸に、若葉の町をあげて応援しようと立ち上がった。町内には著名人も多く、作家・演劇評論家の安藤鶴夫、歌舞伎俳優の十代目岩井半四郎、コメディアンの三木のり平らにも声をかけ、賛同者は1000人近くに広がった。とりわけ安藤、岩井、三木は熱心な応援団員として活動した。その後、7月5日には「舟木一夫を激励する会」(会長・田中慶一)が結成され、町内の4000人以上が参加する大所帯になった。周りの動きに押されて、成幸は夏休みも帰省せずデビューに向けた準備を始めた。

コロムビアの相棒は大抜擢の新人・栗山章《しょう》

そんな1962(昭和37)年5月6日、TBSテレビで「てなもんや三度笠」の放送がスタートした。〝あたり前田のクラッカー〟(前田製菓の1社提供)で始まるこの番組は、「あんかけの時次郎」こと藤田まこと、「珍念」こと白木みのるの名コンビがウケて、1968年3月31日まで続いた。最高視聴率64・8%のお化け番組で、成幸もデビュー後に何回か出演した。2003年8月には、大阪・新歌舞伎座で舟木時次郎&若井みどり珍念で1か月公演を行うことになる。

成幸はあっという間に師走を迎えたが、居候していたアパートの阿部の部屋には、まだテレビがなかった。なんとしても大晦日のNHK紅白歌合戦を見たかった成幸は、阿部が持っていた貯金を全て吐き出させてテレビを購入してもらった。大晦日には2人で、アパート近くのフードセンターに正月料理の買い出しに行き、第13回紅白歌合戦を楽しんだ。司会は白組が宮田輝、紅組が森光子。白組のトップは松島アキラの「あゝ青春に花よ咲け」、トリが三橋美智也の「星屑の街」。紅組は仲宗根美樹の「川は流れる」で始まり、最後は島倉千代子の「さよならとさよなら」だった。視聴率80・4%。大晦日にこの舞台に立つことは、歌手の夢であり勲章だったが、まさか1年後に実現するとは夢にも思わず、2人の話題にもならなかった。

1963(昭和38)年を迎えると、東京・浅草の国際劇場(浅草国際)は、年末に「いつでも夢を」で日本レコード大賞・大賞を受賞したばかりの橋幸夫の特別公演で幕を開けた。当時は浅草国際と日劇でワンマンショーが出来るかどうかで芸能人としての格が決まっていた時代。成幸は劇場の〝見学〟とともに、橋と共演している堀プロの先輩コーラスグループ、モアナ・エコーズの歌を聴くために浅草国際に足を運んだ。ところが、先輩たちは自分の持ち歌を歌わず、橋の持ち歌ばかりをメドレーで歌っている。終演後に楽屋を訪ねると、浅草国際の舞台に立てたことに感激している。成幸が思わず「そんなことで嬉しいのですか?」と生意気なことを言うと、先輩は「ここに立つことがどんなに大変か、お前は何も分かっていない」と一喝された。譲らない成幸はじゃあ僕が1年以内にここでワンマンショーをやったら同じ条件で出ていただけますか?」と畳みかけると、先輩たちからは「ああ出てやるよ。そんなに甘いもんじゃないぞ」と鼻で笑われた。成幸は19歳の橋のショーを見て、自分にも出来ると自信を持ち自らにハッパをかけた。

日本コロムビアではこの間も、成幸をデビューさせるための準備が着々と進められていた。成幸に全てをかけると言ってもいいほどの強い意思が感じられた。というのも、日本ビクターが1960年に17歳の橋幸夫で大成功したのをきっかけに、レコード各社で「橋に追いつけ、追い越せ」と、10代の歌手の発掘・売り出しに躍起になっていたからだ。コロムビアも「ビクターがハシなら、うちは真ん中を渡ろう」と、1961年に中尾渉(中を渡る)という歌手をデビューさせたが、シャレで成功するほど甘くはなかった。それでも1962年、遠藤実が北原謙二のために、当時流行していたドドンパのリズムで書きおろした「若いふたり」が大ヒット。大阪のジャズ喫茶で活動後、上京して「銀座テネシー」で歌っているところをスカウトされたという北原のこの歌は、地方から東京に集団就職してきた若者たちの応援歌としても支持され、コロムビアの青春歌謡路線の素地が作られた。

コロムビアには当時、2人の敏腕ディレクターがいた。一人は馬渕玄三。作家・五木寛之の小説「艶歌《えんか》」「海峡物語」などに登場する「艶歌の竜」こと高円寺竜三のモデルになった名物ディレクターで、島倉千代子の「からたち日記」を皮切りにヒット曲を連発し、1961年から美空ひばりを担当していた。もう一人が斎藤昇。堀プロ社長の堀が大いに期待が持てる新人として成幸の話をコロムビアに持ち込んだ際、率先して「私が引き受けましょう」と、成幸の担当ディレクターに当時27歳の新人・栗山章を大抜擢した実力者だった。

栗山は1935(昭和10)年、福岡市に生まれた。父親は高分子化学の権威で九州大学名誉教授の栗山捨三。章は理科系には進まず、立教大学経済学部を卒業、同大学大学院文学研究科修士課程修了後にコロムビアに入社した。栗山は父親譲りの学究肌で「クラシックのディレクターならと思って入ったのに、いきなり歌謡曲担当を命じられて困惑した」と話す。それもそのはずで、入社後、レコード会社の社員なら当然知っていなければなない作曲家・古賀政男から「古賀ですが……」とかかってきた電話に、「どちらの古賀さんですか?」と聞き直したほどの歌謡曲音痴だった。歌謡界は自分には向いていないと思いつつも「どんな仕事にも〝奥義〟と呼ばれるレベルがあるはず。それを極める努力をしよう」と自分に言い聞かせ、前向きに取り組むことにした。

デビュー曲「高校三年生」との出合い

成幸は1963年の正月を初めて東京で過ごした。1月14日、栗山から「あした遠藤先生のお宅に新年の挨拶も兼ねてデビュー曲の相談に行く」という電話があった。聞くと、「実はすでにデビュー曲を頼んである」と言う。翌日の成人の日、成幸は西荻窪の遠藤宅に向かうタクシーの中で栗山から10編の歌詞を見せられた。栗山は1月初めにこの10編の歌詞を遠藤にも見せ、その中から2編を選んでもらったところ、迷うことなく「高校三年生」と「水色のひと」を選択していた。栗山は詳しいことは話さずに成幸に「君だったらどれを選ぶ?」と聞いた。成幸は丁寧に目を通し、まず「水色のひと」、次に「高校三年生」を選んだ。栗山は「僕も上田君と同じものを選んだが、僕の場合はA面が『高校三年生』、B面が『水色のひと』なんだ」と笑った。成幸は新人の自分のために10編の歌詞を用意するという、並のディレクターには出来ないことをやってのけた栗山に対して、「この人なら大丈夫！」と確信した。

「高校三年生」と「水色のひと」を作詞したのは丘灯至夫《おかとしお》。日本コロムビアの専属作詞家だった。当時はまだ、作詞・作曲家の著作権を管理代行する音楽出版社が存在していなかったため、いずれかのレコードメーカーの専属作家にならないと仕事が出来ない時代で、特定メーカーの専属作家が所属歌手に歌を作っていた。丘は本名、西山安吉。１９１７（大正６）年2月8日、福島県田村郡小野町の西田屋旅館の6男として生まれた。幼少のころから〝モヤシみたい〟にひ弱で病弱だったため、高校も全体の3分の1が病気欠席。仕事も長続きしなかったが、東京の外国車部品販売会社に勤めていた18の歳ころ、吉川英治、大佛《おさらぎ》次郎らが執筆していた少年向け雑誌「少年倶楽部」や「少年世界」を読みまくり、文学に興味を持つようになった。

丘はどうしても詩人になるための修行をしたくなり、当時、同じ東京・新宿に住んでいた仏文学者で詩人の西條八十《やそ》宅に押し掛け、強引に弟子にしてもらった。この時の2人の出会い、そして西條&丘の師弟関係が誕生していなかったら、晩年の西條が舟木のために大ヒット曲を手掛けることにはならなかっただろう。まもなく医師から田舎に戻るよう指示された丘は、父親の縁でＮＨＫ郡山放送局に入ったものの1年で退社。その後、朝日新聞の子供ページに自ら投稿していた童謡が東京日日新聞（のちの毎日新聞）の次期郡山支局長の目に留まり、1942（昭和17）年に同社福島支局員として入社。6年後に本社に異動し、出版局から創刊された「毎日グラフ」の記者に配属された。1949年には西條の弟子ということもあって日本コロムビアの専属作詞家となり、二足のワラジを履くことになった。

1962（昭和37）年。丘が45歳の秋、「毎日グラフ」の記者として東京都世田谷区北沢にある学校法人松蔭学園松蔭高校の文化祭を取材するため、カメラマンとともに訪ねた。同校は当時、女生徒だけの普通科と共学の定時制があった。丘は男女の高校生がかわるがわる手を取り合ってフォークダンスを踊る姿を目の当たりにして衝撃を受けた。「男女7歳にして席を同じうせず……」という教育を受け、通学路さえ男女別々だった自らの青春時代を思うと「腰を抜かさんばかりの、びっくり仰天の風景」だった。自宅に戻った丘はその夜、興奮冷めやらぬ状態の中で、まず「♪ぼくらフォークダンスの手をとれば　甘く匂うよ　黒髪が……」という「高校三年生」の2番のフレーズを書きあげ、「♪赤い夕日が校舎をそめて……」など前後の歌詞を付けていった。

これが翌年、日の目を見るのだが、実は、丘にとってこれが初めての「高校三年生」ではなかった。7年前の1955（昭和30）年5月、「高原列車は行く」などがヒットしていた岡本敦郎のために「高校三年生」を書いていた。「♪紺の制服　ギャザアのひだに　若く明るい陽がのぼる　ああ高校三

年生　鐘も鳴ります　カレッジの　鐘はふくらむ　胸に鳴る……」という歌詞で、作詞家名も「丘灯至夫」になる前の「丘十四夫」だった。当時、この「高校三年生」では大人の歌謡曲に相応《ふさわ》しくないという理由でボツになってしまったが、その後も、丘が「高校三年生」のタイトルに執着していたことを物語っている。

一方、遠藤実は「高校三年生」の歌詞を読んだ途端、詰襟に金ボタンを付けて中学に進学する同級生たちを寂しそうに見送った、あの時の遠藤少年の姿が浮かんできたという。遠藤は1932（昭和7）年7月6日、東京・向島の貧しい家庭に生まれ、戦時中に両親の故郷である新潟県西蒲原郡内野町に疎開し、新潟の尋常高等小学校までで進学を断念。日東紡績で見習工をしながら通信教育用の中学の教科書を買い、校章に似た付録のバッジを帽子に付けて悔しさを紛らわせていた。ワカメの行商やタイル工など職業を転々とした後、17歳の1949年11月に上京し、国鉄・荻窪駅前で〝流し〟を始めた。そこで知り合った作詞家・松村又一の紹介で1952年にマーキュリーレコードと専属契約を結び、1957年に出した藤島桓夫の「お月さん今晩わ」が初めてヒット。翌年には日本コロムビアに招かれて専属契約を結び、いきなり島倉千代子の「からたち日記」をヒットさせた。その後も、こまどり姉妹、小林旭、五月みどり、北原謙二らのヒット曲を手掛けた。そんな中で出合った「高校三年生」だった。

丘の歌詞を何度も読み直し、自分がもし中学、高校に進学していたら……。そんな思いを込め、夕方の美しい風景を思い浮かべながら、のちに舟木の第3作となる「学園広場」と同じようなワルツの曲を付けた。しかし、成幸と栗山が訪ねてくる当日の早朝、気になってもう一度「高校三年生」をピアノで弾いてみた。あれ? どこか違う。違和感があった。そうだ。思い入れ、感情が入り過ぎている! 来年は東京オリンピックの年で、それに向かって街は活気づいてきている。それならもっと明るく元気な曲調にしたほうがいいんじゃないか。そして、10分か20分、鍵盤をたたいて、一気にマーチ風の曲に作り替えた。例の♪タンターンタターンタタタタンタ……というリズミカルなイントロ、「♪ラララランランラン……」という間奏のコーラスも完成した。まもなく訪ねてきた2人に作り直した譜面を渡した。この日の打ち合わせで、「高校三年生」と「水色のひと」のレコーディングを翌1963年2月3日、東京・内幸町にある日本コロムビアのスタジオで行い、成幸が自由ヶ丘学園高校を卒業後すぐにデビューすることを確認し合った。

予定通り行われたレコーディングは午後9時に始まった。31歳の遠藤、35歳の丘、27歳の栗山、31歳の堀らホリプロの関係者たちのほか、前年の暮れに地元・萩原町で交通事故に遭って傷の痛みも消えないまま上京していた49歳の父・栄吉の姿もあった。当時はオーケストラの生演奏と歌手の生歌を同時に録音(同録)していたから、スタジオ中は極度の緊張感と新曲を産み出す熱気に包まれていた。演奏が始まった。指揮をしていた遠藤は後ろで成幸が歌い始めるなり驚いた。レッスン中は何度注意しても、まともに声を出そうとしなかったため、これで本当に歌手になれるのかと心配していた。それが本番になると突然大変身。聞いたこともない大きな声で歌い始めたのだ。「えっ⁉出るんじゃないか」。レコーディングは2回のトライでOKになった。

芸名は「舟木和夫」から「舟木一夫」へ

成幸はレコーディングを終えるとその足で遠藤宅に向かい、「先生、僕の芸名はどうしたらいいでしょうか」と尋ねると、遠藤は即座に「舟木和夫」と紙に書いて見せた。率直な物言いをする18歳の成幸は「『和』は紙に書いたら縦に長くなって横倒しになりそうで頼りない感じがします。『一』にしてつっかえ棒の形にしてもらえませんか」とお願いした、というより主張したと言ったほうがいいかもしれない。遠藤はなるほどと思ったのか、快く変更した。遠藤と舟木の間にはその後も、師弟の関係を超えたようなやり取りが何回か起きることになる。ともあれ、遠藤の口から「フナキカズオ」の名前が何のためらいもなく発せられたのには、それなりのワケがあった。話は数年前に溯《さかのぼ》る。

東京都荒川区の呉服屋の9人兄弟の末っ子に生まれた橋幸夫が、13歳からボクシングジムに通い始めると、心配になった母親が、隣の散髪屋の職人の一人が遠藤学校で歌の勉強をしていることを知り、遠藤を紹介してもらい、歌のレッスンも受けることを条件にジムに通わせた。遠藤は初対面で橋の歌を聴いた時から「この子は必ずモノになる」と思い、厳しく指導した。丸3年が過ぎた1959（昭和34）年、遠藤は橋にコロムビアの新人オーディションを受けさせた。審査員に新鮮な印象を与えようと、村田英雄のために作曲しながら、まだ吹き込み前の「蟹工船」を歌わせるという力の入れようだったが、結果は不合格。「なぜ橋君の魅力が分からないのだろうか」。納得できない遠藤は、橋が自分の手から離れることを覚悟で日本ビクターのオーディションも受けさせた。

審査員に印象づけるために、橋に「頭を短く刈って真っ赤なシャツを着てくるように」と伝え、「蟹工船《かにこうせん》」と「ソーランしぶき」を歌わせたところ、ビクターの女性ディレクターが「あの子はうちでいただきます」。というわけで、橋はビクター専属の作曲家・吉田正に預けられることになった。このため、遠藤が気に入っていた「舟木和夫」の芸名を橋に与えることは出来ず、〝次代の新人〟のために温存していた。「舟木和夫」と「舟木一夫」という芸名について、気になったので遠藤にも聞いたことがあるが、遠藤の説明より舟木の記憶のほうが具体的だった。そういう意味では、「舟木一夫」の本当の名付け親は、遠藤ではなく舟木自身というのが正解だと思っている。いずれにしても、無事にレコーディングなどを終えた成幸らは、1963年4月のデビューに向け、レコードジャケットの写真撮影、デビュー時の衣装の決定、PR方法など具体的な作業を進めることになった。

まもなく、コロムビア社内では各セクションの幹部で構成する編成会議が開かれた。ところが、過半数の幹部から『「高校三年生」』は文芸部が担当する流行歌じゃない。出すのなら童謡、唱歌、民謡などを扱う学芸部だ」という意見が続出。これでは、かつての「高校三年生」と同じ運命になりかねない。すんなり通ると思っていた栗山は、想定外の展開に「納得出来ない！」と反論したが、そのまま〝お蔵入り〟になりかけた。この話を聞いた栗山の上司、斎藤昇は上層部に掛け合った後、「栗山君の才能を見込んで新人担当に抜擢した俺の顔を立てて、とにかくレコードを出してくれ」と反対派の幹部を説き伏せた。かつて自分が駆け出しのころ、周囲の反対を押し切って村田英雄の「王将」を売り出し100万枚の大ヒット曲にした実績があっての発言だった。斎藤の仲介で、予定より2か月遅れてしまったものの、デビュー曲の発売日は1963年6月5日と最終決定した。

実はこのころ、日本コロムビアの経営環境は日に日に悪化していた。テレビ受像機の急激な普及で持ち直していた電機部門が、他の家電製品にも手を広げ過ぎて業績が急降下、社の存立そのものが危惧され出した。このため、同社の筆頭幹事社で大株主だった野村證券の会長、奥村綱雄の推薦で、コロムビア立て直しの旗振り役として大蔵省（当時）の元事務次官だった長沼弘毅が代表取締役会長として送り込まれた。電機部門が振るわなかった一方で、レコード部門のシェアは30％前後を維持し、40％台に乗せる〝40作戦〟を展開していた時期で、その先頭を走っていたのが常務取締役レコード事業部長の伊藤正憲だった。1956年の営業部長のころに、美空ひばり、コロムビア・ローズ、島倉千代子ら女性陣を売り出し、徐々に各セクションを掌握していったが、長沼は業績不振の一因は伊藤のような〝古いタイプの人間〟が仕切っていることにあるとみて辞任を促した。

伊藤の自著「レコードと共に四十五年」（非売品）によると、長沼から「後進に道を譲ってもらいたい」と言われ、理由もはっきりせずに辞めたのでは面目まるつぶれという気持ちはあったが、5月初めに辞表を提出。その後、伊藤の息のかかった社員が冷遇、左遷され始めたため、懇意にしていた若松築港（のちに若松建設）社長の有田一壽《かずひさ》に相談。8月になってコロムビア社内の友人に新会社設立の意思表示を行い、有田邸で決起集会を開いた。この中には斎藤昇、馬渕玄三らの顔もあった。伊藤らは9月6日に千代田区のパレスホテルで創立総会を開き、日本クラウンを発足させた。さまざまな駆け引きもあった結果、作家では米山正夫、星野哲郎ら、歌手では小林旭、北島三郎、守屋浩、五月みどりらが参加。いわゆる〝クラウン騒動〟で、12月1日に第1回新譜19枚を発売したが、コロムビアに残った美空ひばりがお祝いに「関東春雨傘／だから涙はみせないよ」を提供するという懐の深さを見せた。

「売れるために上京したから、売れます」

話を戻す。デビュー日も決まったある日、成幸はホリプロ社長の堀から有楽町の日活本社ビルに呼び出された。堀は「改めて言っておくが、この世界は厳しい。年間300人以上がデビューしているが、10年選手として生き残れるのは、そのうち1%にも満たない。もし歌手を断念せざるを得なくなったら、どうする?」と聞いてきた。成幸は「僕は売れるために上京しました。だから売れます」と即答。生意気にも、弟・幸正のためにも歌手になるという思いしかなかったから、即座にそう答えてしまった。

3月9日夜のこと。すでに住居を別にしていたマネジャーの阿部から成幸に電話があった。翌日、群馬県大泉町の東京三洋電機(三洋電機東京製作所からパナソニック)の慰安会を兼ねた文化祭で守屋浩ショーが行われるが、前座歌手が急性盲腸炎で倒れて代わりがいない。「堀社長が度胸試しに上田君に出てもらおうと言っているが、どうする?」というものだった。成幸は「いいですよ。ただ、ギャラをもらうと初仕事になります。こんな形の初仕事は嫌なので、ノーギャラの助っ人ということなら出ます」と答えた。阿部は笑いながら電話を切った。当日のことは東京三洋電機の社内報に「出演者=守屋浩、岡田ゆり子、勝てるみ、舟木一夫。司会=晴乃チック・タック、演奏=

チャーリー脇野と楽団・ピーボックス」と記されている。成幸はデビュー前の助っ人出演だったから本名で歌ったが、司会者からまもなく「舟木一夫」という名前で日本コロムビアからデビューするという紹介があったのか、コロムビア宣伝部がそうしたのか、すでに芸名で載っている。そして、この時の様子は実際に指揮したチャーリー脇野がはっきり覚えていた。

チャーリー脇野。本名、脇野光司。1930(昭和5)年8月7日、東京生まれ。1956年から小野満とシックス・ブラザーズのギター担当として、美空ひばりのジャズバンドをしていた。その関係で、高倉健も出演した美空ひばり芸能生活10周年記念の東映ミュージカル映画「希望の乙女」(監督・佐々木康、1958年9月10日公開)にも「楽器屋の健次」役で出ている。のちに、美空ひばりが亡くなる直前の最後の東京ドーム公演でも伴奏を務めることになる。ホリプロには結成当時から、ゲイ・ポップスのリーダーとして参加しており、成幸はデビュー前からホリプロに出入りするようになっていたので知っていた。

チャーリーによると、当日の客席は女子社員を中心に2000人以上いた記憶がある。顔は知っていたものの成幸とは打ち合わせの時に初めて口をきいた。成幸は「初めまして」に続けて「先輩は〝たぬき〟って呼ばれているんですって」と切り出した。美空ひばりの弟が付けたニックネームだったが、チャーリーは「いきなり、それはないだろう」。いかにも成幸らしい。会場は同社内の労働会館で、一部の社員の発表会に続いて、二部が守屋浩ショー。守屋がまず1曲歌った後、成幸がソデから学生服姿でステージ中央に出てくると、客席の女性からワァーワァーという凄いどよめき、怒涛のような歓声が上がった。「デビュー前の無名の歌手にあんな歓声が上がったのは実に不思議な現象で、長い芸能生活で後にも先にもあんな経験はない」とチャーリー。

成幸は「高校三年生」と「水色のひと」を初めて観客の前で歌ったが、当時客席で見ていた女性社員の一人は「彼が首を曲げれば『キャー』、下を向けば『ワァー』と凄い歓声でした。当時は今のように女性が公の場で感情をストレートに表現することなどあり得なかったので信じがたい光景でした」と振り返る。チャーリーは「前奏、間奏の間の所在なさ、恥ずかしそうな高校生の姿に、母性本能を掻《か》き立てられたのかな？　今でいう〝持ってる〟ってやつですかね」と思い返す。終演後の楽屋前では大勢の女性が成幸を取り囲み、住所を聞いたり、写真を撮ったりの大騒ぎだった。3日後に、女性社員から約300通のファンレターが成幸の元へ届けられた。成幸は届いたファンレターの全てに返事を書いたようで、実際に届いた返事を女性社員が見せ合っていたという。

第二楽章

スターダムへの階段

「高校三年生」でデビューした舟木一夫。
清潔感のある歌声と等身大の青春歌謡に
“時代”が酔った。
歌謡ショー、テレビ番組、映画出演依頼も殺到した。

産経新聞社提供　1963年

「詰襟」か「サマーセーター」か

1963(昭和38)年3月、スタッフが集まり、デビューレコードのジャケット写真を撮るため、衣装の検討を始めた。「高校三年生」に合わせて詰襟の学生服にするか、季節に合わせてラフな感じのサマーセーターにするか、という二者択一の選択までたどり着いた。舟木はサマーセーターを希望していたため、そのまま順調に進めば違った形のデビューになっていたかもしれない。ところが、5月20日に日本テレビの「コロムビア花のステージ」、同じく23日にはフジテレビの「歌の饗宴《きょうえん》」への出演が相次いで決まった。日本テレビは録画で、放送はデビュー後。一方のフジテレビは三和完児が司会のお昼の生放送だったため、これが「舟木一夫」としてのテレビ初出演になった。

いずれにせよ、急な話でステージ衣装は間に合わず、「とりあえず詰襟で行っちゃおう!」ということになった。とは言っても、あつらえている時間もない。やむを得ず3月まで成幸が通っていた自由ヶ丘学園高校の制服で出演。学生服だけでなく、靴下、靴も着古し履き古したもので、しかも冬物だ。成幸は半信半疑で出演したが、放送後、フジテレビに「学生服で歌っていたのは誰だ!?」という問い合わせが殺到した。このため、デビュー後も約1か月は使い古しの学生服のまま歌うことになった。舟木は「衣装代ゼロでデビューしたのは僕ぐらいでしょう」と笑う。

巨人軍の私設応援団長の関矢はこの間も、舟木が下宿している新宿区若葉の町の著名人らに声をかけていた。とりわけ直木賞作家（同年下半期に「巷談本牧亭」で受賞）で演劇評論家の安藤鶴夫に正式に挨拶するため、6月1日、成幸にデビュー曲のレコードを持たせて自宅を訪ねた。安藤は妻、娘も応接間に集めてレコードを聴いてくれた。当時、安藤は歌番組の審査員もしており、常々〝歌の上手い清純な歌い手の出現〟を期待する旨の発言を繰り返していただけに、「高校三年生」を聴いた感想を「素直で美しい叙情に満ちている歌いぶりに感動した」。そして若葉の町あげての応援に「私の生まれた浅草にはいくらでもあったが、まことに心温まる美しい町の物語ではないか」と、自らも全面的に協力することになった。

当時のデビュー曲の発売枚数の相場は５０００枚だったが、前評判があまりにも良かったため４万枚出すことになった。６月５日に「高校三年生」が発売された時、もともと病弱の作詞家・丘灯至夫は体調が最悪の状態で、福島県猪苗代町で療養していたが、たびたび近くの電話局に行ってコロムビアの幹部から売り上げ数字の報告を受けていた。妻のノブヨが逐一見届けていた。丘が残したメモによると、７月20日に11万５７５２枚、８月３日に16万１６１３枚、９月16日に41万１４９４枚と伸ばし、年末には１００万枚を突破するミリオンセラーを達成した。２作目の「修学旅行」も年末に50万枚を超えていたというから、当時としては画期的な数字だ。丘は「舟木一夫大全集」(1975年6月)の冊子の中で「私がレコード会社の専属作家になって以来、初めて見るハイ・ピッチの記録的数字だった」と記している。

おカネの話題を好んで掲載していた週刊誌には「舟木はデビュー曲の大ヒットで、それまで1万5000円だった月給が5万円に跳ね上がった」などと書かれた。それを裏づけるように後日、ホリプロ社長の堀威夫が明かしてくれた。「6月25日に赤坂のホテルに舟木を呼んで、今月だけは1か月分として受け取って欲しい」と封筒を渡した。舟木が中を見ると5万円入っていた。大卒の初任給が2万円以下の時代だ。舟木は「7月からパーセンテージでもらうようになりました」と打ち明けている。

舟木がデビュー後、最初に出演したのが1963年6月9日、TBSテレビの「第262回ロッテ歌のアルバム」。こまどり姉妹、北原謙二との共演だった。この番組で1958年5月4日の第1回放送から1977年8月7日の1000回放送まで司会を務めたのが「1週間のご無沙汰でした」の玉置宏。玉置は1934(昭和9)年1月5日、神奈川県川崎市の生まれ。明治大学商学部を卒業後、文化放送に入社。同社第1号のアナウンサーになったが、まもなく三橋美智也の勧めでフリーに転身し、「ロッテ歌のアルバム」の司会に抜擢された。舟木との出会いは、デビューの2か月ほど前にホリプロのマネジャー・阿部勇が現場に慣れさせるために、東京・文京公会堂(現・文京シビックホール）の本番会場に舟木を連れていった時だった。

玉置は舟木が「よろしくお願いします」とはにかむように言った時に笑顔からこぼれた白い八重歯が印象的だったと言う。当時、日本コロムビア所属歌手の歌謡ショーの司会は、東京の大劇場はコロムビア・トップ＆ライト、地方公演は青空東児、青空千夜・一夜ら〝青空一門〟という不文律があったが、舟木と玉置は初対面から相性が良く、１９６４年３月の東京・浅草の国際劇場（浅草国際）でのワンマンショー以来、２０１０（平成22）年２月に玉置が亡くなる直前まで舟木の大舞台の司会を務めることになる。

１９６３年６月23日には、翌年の東京オリンピックをにらみ、レコード各社競作の「東京五輪音頭」が発表された。日本コロムビア所属の古賀政男の作曲だったが、録音権を各社に開放したため、コロムビアは北島三郎・畠山みどり、テイチク・三波春夫、ビクター・橋幸夫、東芝・坂本九、キング・三橋美智也ら各社大物歌手が歌った。翌年末までの売り上げは三波が１３０万枚超で断トツだった。「上を向いて歩こう」のタイトルを変えて出した坂本九の「ＳＵＫＩＹＡＫＩ《スキヤキ》」が米ビルボード誌のチャート（６月15日付）で１位（年間では10位）になったニュースが日本に飛び込んできたのも６月23日だった。

舟木の「高校三年生」は発売後、あっという間に売り上げを伸ばした。ホリプロ社長の堀は「発売して間もなくでした。確か舟木君らが東北に行っている時だったと思います。コロムビアの宣伝部が予定に入れたマスコミの取材に対応するため、舟木君だけを急きょ東京に呼び戻した記憶があります。学生服での登場が老若男女に新鮮なイメージで受け取られたんでしょうね」と振り返った。舟木はよく「僕ほど『時代』を背負っている歌手はいない」と言う。では、舟木一夫という歌手が登場したのはどんな「時代」だったのか。

1日1500通のファンレター

経済企画庁(当時)が1956年に発表した「経済白書」に「もはや戦後ではない」と書かれ、1960年7月19日に発足した池田勇人内閣が「所得倍増計画」を打ち出し高度経済成長への流れを確実にした。テレビの時代の到来時期でもあった。1959年4月の皇太子殿下&美智子妃殿下のご成婚前後の〝ミッチーブーム〟でテレビの受信契約台数は200万台を突破し、4年後には1600万台になっている。最も注目したいのは高校進学率。1955年に男子55・5%、女子47・4%だったのが、「高校三年生」が発売された1963年には男子68・4%、女子65・1%になり、1965年にはついに男女平均で70%の大台を突破した。高度経済成長の真っただ中で、テレビの普及率が急激に上がり、中卒の7割が高校に進学して学園生活を謳歌し始めた時代で、皆が「一途」

「ひた向き」「一生懸命」という言葉をかみしめながら生きた時代でもあった。舟木一夫という歌手はそんな「時代」に抱かれるように現れたのだ。

当時16歳の高校1年生で洋楽にはまっていた作家・永倉万治は「歌謡曲なんて、目じゃなかった。だから、『舟木一夫もフン!』って思っていたが、『♪赤い夕日が校舎を染めて……』で始まるあの歌の力は強烈で、ハイスクールではなく高等学校に通っていたボクラには、『♪クラス仲間はいつまでも……』なんて素朴なフレーズの前には〝アイビー〟も力なく、アッと言う間に、みんなころんでしまった」(「新・昭和30年代通信」)と記している。また、1955年6月生まれの映画監督・金子修介は「失われた歌謡曲」(小学館)の中で、「この歌によって昭和38年、『若者は正しく育っている。戦後民主主義教育は間違っていなかった』と左翼は確認、右翼のほうは『若者は美しい。日本もまだまだ捨てたものではない』と確認、右から左まで共感し、清らかな青春世界に浸り、国民的大ヒット歌謡となったのである」と述べている。「高校三年生」は各地の高校の校内放送でも流され、放課後に合唱するという高校も現れ一大ブームになっていく。堀は「いわゆる流行歌が学園に入った最初のレコードが『高校三年生』なんです。一種の社会現象になりましたからね」と懐かしむ。

いきなりトップスターに躍り出た舟木は、デビューから約1か月後に東北での仕事を終えて国鉄・上野駅に戻ったら、ホームにコロムビアのスタッフ数人が待ち受けていて、「これからすぐにスタジオに入って欲しい」。そのままタクシーに乗せられ歌詞と譜面を渡された。「すぐにレコーディングしないと間に合わない」と言う。新曲の打ち合わせもないまま、「修学旅行」の発売日が決められていたのだ。作詞、作曲家も大変だったが、歌手も舟木のように譜面を読める下地がなければ務まらなかっただろう。

人気上昇とともに、月刊誌、週刊誌で続々と特集記事が組まれた。「週刊平凡」の１９６３年9月5日号によると、ファンレターは1日１５００通。９割以上が女子高生で、山梨の女子高生は「流行歌は歌ってはいけないのですが、生徒会で舟木君の歌だけ許され、昼休みに教室中にあなたの歌が流れています」という一文を寄せている。２０１１年7月16日に公開された劇場版アニメ「コクリコ坂から」に登場する小松崎空《そら》もそんな年頃の女子生徒だったようで、弟の陸《りく》と一緒に坂本九が「見上げてごらん夜の星を」をテレビの歌番組で歌っているのを見ていた時、姉の海《うみ》から買い物を頼まれるが、「え〜、いま？　もうすぐ舟木一夫が出るのよ〜」と言って断ろうとするクダリがある。懐かしく見た観客も多かったに違いない。

舟木はデビュー直後から、笑顔からのぞく八重歯と独特の髪型にも注目が集まり、前髪の左半分を半月形にくり抜いたような髪型は〝舟木カット〟と呼ばれた。舟木が通っていた新宿区四谷の「落合理髪店」が雑誌で紹介されると、「舟木君と同じ髪型にして！」という男性客が10人以上詰めかけた。コラムニストの泉麻人も「どっぷり舟木にハマってしまった僕と弟は、すぐに真似た。母にねだって、切りそろえた前髪の左隅を同じようにカットしてもらった」（「僕の昭和歌謡曲史」・講談社文庫）と話す。この髪型には〝誕生秘話〟がある。舟木が編入した自由ヶ丘学園高校の教室では一番後ろの一番端の席。どういう訳か、机の中に割れた鏡の破片が何枚か入っていた。授業中に本を楯《たて》にして、大きい破片に顔を映し、小さい破片で伸びた髪を少しずつ切ってみた。そのうち習慣になって何回かやっているうちに、あの髪型になった。地方巡業では、ステージの緞帳《どんちょう》が上がると100人以上の男性客が同じ髪型で舟木を凝視。さすがに「あれはちょっと気味が悪かったね」（舟木）。

映画「高校三年生」の地元ロケに大群衆

舟木が住んでいた新宿区若葉で町ぐるみの応援団組織が生まれつつあった時、舟木の故郷の愛知県一宮市でも市長の伊藤一が地元紙の「一宮タイムス」で市民に呼び掛けるなどして後援会結成に動き始め、8月29日に後援会の規約を決め、10月27日に一宮体育館で発会式と記念演奏会を行うことも決められた。この時点ですでに7000人以上が入会を申し込んでいた。そんな動きと並行して、大映専務の永田秀雅から日本コロムビアとホリプロに「高校三年生」を映画化したいという企画が持ち込まれた。当時の大映は、看板スターの菅原謙二(のちに謙次)、川口浩の相次ぐ退社、長谷川一夫の映画界からの引退、山本富士子の解雇などで苦境に陥っている時で、今後の映画製作方針の一つとして〝青春路線〟を打ち出していた。その第一弾が「高校三年生」だった。

これが10本目になる井上芳夫が監督。脚本はのちに時代小説家・隆慶一郎としても知られる池田一朗。9月上旬に撮影して11月16日に全国公開するという、新人歌手のデビュー曲を題材にした映画としては異例の展開だった。出演は18歳の舟木のほか、「すっとび仁義」で橋幸夫の相手役として大映でデビューした18歳の姿美千子、〝歌う映画スター〟と呼ばれた高田浩吉の次女で16歳の高田美和、「ミスター平凡コンテスト」でグランプリを獲って大映入りした17歳の倉石功、のちに作詞&作曲家・浜口庫之助の妻になる18歳の渚まゆみ、音楽バンド「ザ・スパイダース」に加入して1年目で17歳の堺正章ら10代のニュースターが顔を揃えた。

男女の高校生10数人が自転車に乗って、繊維問屋が並ぶ古い街並みや河原の土手を軽やかに走っていく場面から始まるこの作品。伝統と格式を重んじる繊維問屋での三世代家族の対立、教師と女子高生の教え子との恋愛、母親が期待する大学受験か自ら決めた就職かの選択など、さまざまなシーンで悩み葛藤する高校生群像を、「只今授業中」「淋しい町」など舟木のカップリング曲を随所にはさみながら深刻かつ明朗に描いている。ロケ地については、当初から舟木の出身地であり

〝繊維の町〟でもある愛知県一宮市で行うことが決まっていたが、舟木らが通う桜ヶ丘高校をどこにするかが容易ではなかった。第1案に上がった公立高校は、愛知県教育委員会が「公立の教育施設を映画のロケなどに使用してはいけない」という方針を示したため断念。次の候補を模索していたところ、一宮市内の大映映画の館主から提案があり、お隣の江南市東野町の私立滝実業高等学校（滝学園）に白羽の矢が立った。

同校は1926（大正15）年4月に開校。当時では珍しい寄宿舎や農舎も完備されていた。1949（昭和24）年に県内で初めて男女共学校にもなった。映画の撮影当時の鉄筋校舎は愛知県内では同校と県立旭丘高校の2校だけで、50メートルプールは早稲田大学水泳部の学生らがわざわざ東京から来て合宿までして利用していたという。そんな映画のイメージにぴったりの学校に、監督の井上が「正面から見た玄関の時計塔や本館のたたずまいが、私が描いている映画のイメージ通り。一部の先生や生徒さんにもお手伝いいただき、10日間ほど撮影に使わせていただきたい」と言って撮影協力を願い出た。公立高校ではなかったものの学校での映画撮影に「ハイ、どうぞ」という時代ではなかったため、職員会議に諮《はか》られることになった。

案の定、会議は紛糾した。「映画になれば全国的に有名になって入学希望者が増える」という意見は少数派で、「そんなことを許したら、生徒が浮ついてしまって進学の妨げになる」というのが多数意見。職員会議は1回では終わらず、まとめるのは無理かと思われた時、女性教諭の西村ひさのが大胆発言をした。「大事な数学や英語の時間が欠けるのは痛手に違いありませんが、生徒たちは先生方に教わったことはきっと忘れてしまいます。しかし、舟木一夫さんと一緒に映画を撮ったことは、彼のテレビを見たり聴いたりした時に必ず思い出すでしょう。人生の中の一つの夢を描き続けるほうがどれだけ大切なことか。美しいロマンの中に自分をひたすことができるのですから」と。この一言で撮影が決まった。

1963年9月11日、撮影スタッフ一行が一宮市に入ったのに続き、16日には早朝に姿美千子、高田美和、倉石功、渚まゆみら、深夜には舟木も〝本業〟の合間を縫《ぬ》って駆けつけた。総勢66人は市内の旅館などに分宿して、17日から約1週間に及ぶロケに備えた。初日は滝学園でのロケで、高校3年の船田一夫（舟木）が片思いの島津小路《こみち》（高田美和）と自転車置き場で会い、船田が小路の自転車にわざとぶつけたり、小路の悪口を言う友人と取っ組み合いのけんかをしたりするシーンを撮影。午前中は授業の邪魔にならないように静かに撮影したが、昼休みになると高等部、中等部合わせて数百人の生徒が舟木らを取り囲むという想定外の場面もあった。

恋愛の噂がある教師と教え子の名前が理科室の壁に書かれていたのを「ひどいなという気持ちで見ている先生」役を本物の教諭・小川昭弘が演じ、「わずか0・5秒ながら好演」（本人）だった。

また撮影のために校庭に作った鉄棒で船田が大車輪をして落ちるシーンは同校野球部の生徒が代役。50メートルプールに船田が落とされそうになるシーンは10回近いNGの連発だったなど裏話にも事欠かない。注目は女子生徒の制服で、映画では滝学園で同年春から実際に着用していたものと同じ制服を作って演じている。当時高校1年生だった主婦・脇田淳子は「撮影中に5、6人分が足りなくなり私の制服を貸してあげました。あとでお礼だと言って撮影スタッフが撮った舟木さんの生写真をいただきました」と振り返る。翌18日は早朝から濃尾大橋付近での撮影。舟木が3日間しか参加出来ないということで、舟木がらみのシーンを中心に進める。一宮市内の繁華街・本町通りでの撮影では、繊維工場の〝織姫〟ら約4000人が見学に詰めかけたため、一宮警察署員が付近の交通を遮断して2時間遅れで再開。署員は「7月の七夕祭り以来の人出」と、その異常な人気に圧倒されていた。

後援会発足、こらえきれない涙

テレビ出演をにらみながら超ハードスケジュールの中での映画初出演となった舟木。この作品も含め数作までの自らの役どころを、観客動員のための〝客寄せパンダ〟と称している。新米が他の俳優と同列では失礼ではないかという意識と、いかにも時間がなくて自分で納得出来る演技にまで至っていないという考えから素直に出てきた言葉だった。事実、舟木の初めての台詞の相手が「原先生」役の新劇俳優、高橋昌也。船田が原先生と小路の名前を入れた相合傘を書いたことで教員室に呼び出され詰問されるシーンでNGを連発したが、高橋は「そんなに気を遣わなくていい。慌てることはない。本番のためにテストがあるんだから」と慰めてくれた。舟木は後でラッシュを見た時、「俺の芝居は学芸会か⁉」とひっくり返るほどのショックを受けたと言う。

撮影が終わった10月27日には、一宮市の一宮体育館で「舟木一夫後援会発会式ならびに記念演奏会」が開かれた。1回目の公演が始まる午後1時前には、徹夜組200人を含む4000人が長蛇の列。司会＝青空千夜・一夜、指揮＝遠藤実、演奏＝チャーリー脇野とゲイ・ポップス・オーケストラで、友情出演した守屋浩、コロムビア・ローズ、高石かつ枝らの歌が続いた後、歌舞伎俳優・岩井半四郎が祝いの「黒田節」を舞った。いよいよクライマックス。「高校三年生」のイントロとともに舟木が登場すると、ステージはあっという間に花束とプレゼント、紙テープで埋まり、女子学生ら会場のファンは総立ちで大合唱。こんな形で計3回の公演が行われ、計1万7000人の観客で大盛況だった。舟木も両親も涙をこらえることが出来なかった。

こうした人気に、8月にリリースした2作目の「修学旅行」も映画化しようという話が持ち上がり、大映とホリプロの現場レベルで話が進められたが、なかなか大映サイドの最終決定が下されない。しびれを切らした堀がやむを得ずこの話を日活に持ち込んだところ、当時、映画プロデューサーだった水の江瀧子が、10月にレコードが発売されたばかりの「学園広場」のほうを映画化することで即決した。堀によると、その時、大映社長の永田雅一が外遊中で、大映では社長のハンコがないと決済が下りないという事情があったらしい。堀はこの時、〝タイムリーな決断の必要性〟を教えられた。いずれにしても、これを契機に舟木の出演映画の大半は、最初に手掛けた大映ではなく日活でシリーズ化されることになる。

「学園広場」にもエピソードがある。発売前月に舟木は作曲した遠藤宅を訪ね、遠藤のピアノに合わせて「学園広場」を歌った。リズムはドドンパ。舟木は1コーラス目の終わりごろから違和感を覚えて歌うのをやめた。2人の間で「何か変か?」「変です」「そうか、ちょっと待ってくれ」といった会話が続き、遠藤は2階の仕事場に行った。夫人の節子が出してくれたカステラを食べながら40分ほど待っていると、遠藤が降りてきて、「舟木君、これならどう?」と提案。先ほどまでの4分の4のマイナーが4分の3のメジャーに切り替わっていた。こんなところにも先生にさえ率直に物言いする舟木らしさが出ている。

そんな歌の映画化を即決した水の江は、1915(大正4)年、北海道・小樽生まれ。松竹少女歌劇団で「男装の麗人」と呼ばれ、「ターキー」の愛称で親しまれたスターで、日活では1955年から1970年までに76本の映画を企画・製作し、石原裕次郎をはじめ多くの俳優を育てた。NHKテレビの人気クイズ番組「ジェスチャー」では白組・柳家金語楼に対する紅組のキャプテンを務めた。「ジェスチャー」には舟木も1964年1月7日に出演し、「松竹梅」の出題に四苦八苦した。

映画「学園広場」には、脚本家の倉本聰も斎藤耕一との共同脚本として名を連ねている。倉本の著書「愚者の旅」（理論社）によると、ニッポン放送を退職後に水の江の抜擢で日活の契約ライターになり、駆け出し脚本家として、舟木、西郷輝彦らの〝青春歌謡映画〟を執筆していた。脚本が出来上がると「御前本読み」という会議があって、江守清樹郎ら日活の重役の前で朗読してチェックを受けた。声が小さいと「でかく！」と怒鳴られ、震え声だと「震えずに」と野次られ、時には「少し感情を入れて」と注文され、中には退屈してイビキをかく重役もいたが、そうやって鍛えられていったという。

松原智恵子との共演含め日活映画16本

日本映画製作者連盟の資料では、映画館の入場者数は504本の日本映画が作られた1958（昭和33）年の延べ11億2745万人（1人で年間12・3回映画館に通った計算）をピークに急激に減少。映画館数も1960年の7457館以降減り続け、1965年にはそれぞれ3億7267万人、4649館になった。もっとも、入場料の値上げ（100円→300円）で、興行収入は700億円台を維持していた。そんな中で日活だけは、石原裕次郎、小林旭、赤木圭一郎、和田浩次の4人のローテーションで「ダイヤモンド・ライン」を組んで〝アクション映画の日活〟として独り勝ちしていたが、それでも1962年後半から陰りが見え始めた。活路を見いだすためにアクション路線と並行して、吉永小百合、浜田光夫らによる青春路線も確立され、1963年には〝純愛映画の日活〟とも呼ばれたが、他社と足並みを揃えて完全2本立て興行を行っていたこともあり、急速なテレビの普及、人件費・材料費の高騰には立ち向かえず、安い製作費で観客を呼べる映画への需要が高まっていた。歌手のヒット曲を題材にした〝歌謡映画〟は、そんな中で誕生した。

「学園広場」の撮影は1963年11月に行われ、12月11日に公開された。舟木は撮影所に向かう車の中で台詞の7割、現場で残りを覚えるという超多忙ぶりだった。舟木はこの映画でのちに大親友になるケンちゃんこと山内賢、5本の日活映画と3本のテレビドラマで共演することになる松原智恵子と初めて出会った。松原は1945（昭和20）年1月6日、岐阜県揖斐郡池田町の父親の実家で3人姉妹の三女として誕生。高校1年生の時、浅丘ルリ子の主演映画「十六歳」の公開記念として行われた「ミス16歳コンテスト」に入賞したのがきっかけで、1961年1月に日活入社。銭湯と不動産会社を経営していた父親に、撮影所に近い東京都調布市に一軒家を建ててもらい、お手伝いさんと一緒に住み始めるとともに、東京の高校に編入し、1年生からやり直し5年かけて卒業した。数多くのアクション、任侠、青春映画に出演し、都会的で可憐な清純派スターとして、吉永小百合、和泉雅子とともに「日活三人娘」と呼ばれた。

松原の舟木に対する第一印象は「丁寧で礼儀正しい方」。そして「あんなにお忙しかったのに、撮影時間に遅れたことがないし、台詞もしっかりしていらしたことを覚えています」と振り返る。松原によると、歌手は発声練習がちゃんと出来ているから、すっと入ってきても台詞を上手に話すのだと言う。当時は女優が歌を歌うというスタイルが何となく出来ていて、松原も日本コロムビアから「泣いてもいいかしら」など5枚のレコードを出しており、「私もノドで歌おうとせず、お腹から声を出して歌うことを学びました」と話してくれた。

映画「学園広場」には、コメディアンのトニー谷が両手の拍子木でリズムを取りながら「あなたのお名前なんてぇの」と言うと、出演者のカップルがツイストを踊りながら答えるという日本テレビの「アベック歌合戦」が登場する。長男誘拐事件（1955年7月）以降、第一線から退いていたトニーが、芸能界復帰を果たした番組だ。千葉県市川市の公民館で行われた本物の公開録音日の午前中に映画の撮影、午後にテレビの本番を撮った。舟木&松原のデュエットを観て聴こうと、普段は700人前後の観客が、当日は1800人以上で埋まった。「当時、浅丘ルリ子さんのお宅でよくパーティーが開かれていて、チーコもいらっしゃいってよく誘われて、みんなで一緒に踊っていました。この映画の台本にツイストって書いてあったので、全然踊れなかった舟木さんに教えてあげた記憶があります。一緒に歌ったのは『高校三年生』と『学園広場』でしたが、舟木さんが高いフレーズを歌って、私が歌いにくいところを歌ったんですよ」。

一方の舟木は松原の第一印象について「ただただ綺麗な人だなぁって思いました。ケンちゃんも2人とも映画館で観ていた人だから、共演しているというより観客目線のほうが強かったですね」と話し、「日活はとにかく若い人が多くて、撮影所も明るく、若手に対する妙な圧迫感も一切なく、とにかく仕事がやりやすかったです」。舟木は「学園広場」を契機に、やはり松原との共演作品「青春の鐘」(1969年1月11日公開)まで、計16本の日活映画に出演することになる。

63年大晦日、紅白初出場・レコ大新人賞

そんな勢いに乗っていた舟木の元に10月になって、NHKから「紅白歌合戦」への出演打診があった。全く異例のことだったが、舟木は「不参加ということでお願い出来ませんか」と断ってしまった。今出場すればお客さんは喜んでくれるかもしれないが、この先いつか落選したら悲しみは倍増する。歌手としての将来への不安が、そう答えさせた。そうして3回断った後、担当部長が直々

に出演を懇願してきたため、これ以上お断りするのは失礼になると、「やらせていただきます」と最終回答した。

師走に入り5日から東京・新宿コマ劇場（げん・新宿東宝ビル）で「ホリプロダクション青春パレード〝花咲く学園〟」（脚本・演出は東宝の山本紫朗）の公演が行われ、舟木はラグビー部員役で出演。台本を読んだ舟木がホリプロの担当プロデューサーに「この本はひど過ぎます。こんな実のない舞台はつまらないと思います。大御所の先生の名前になっているけど、お弟子さんか誰かが代筆したとしか思えません。ゲネプロ（通し稽古）までに直してもらったほうがいいですよ」と言って突き返した。すぐ後ろに演出家がいて、「舟木君、きちんとやるから……」。それ以上の言葉はなかった。

6日の夜の部を終えた直後に、日本レコード大賞事務局から三沢あけみと一緒に新人賞を受賞したという知らせが届いた。さらに、9日には、この年4月から放送中の「花の生涯」（原作・舟橋聖一）に続くNHK大河ドラマの第2弾「赤穂浪士」（同・大佛次郎）に「矢頭右衛門七《やとうえもしち》」役で出演することが決まったと知らされた。いずれもすぐに故郷の両親に連絡した。

新宿コマ劇場の公演がはねた11日夜、舟木は歌舞伎俳優の岩井半四郎とともに、「赤穂浪士」の脚色を手掛けた作家・村上元三を訪ね、挨拶した。村上はテレビで歌う舟木を見て「ズラ塗りのいい顔をしている」と直感し、NHKに出演させないかと打診した。担当者は「えーっ、新人の歌い手を大河ドラマに出すんですか⁉」と渋ったが、「責任は俺が持つから」と強く推薦したことを明かした。村上からはその後、公私ともに面倒を見てもらうことになる。12日は舟木の誕生日。下宿先の新宿区若葉にある銭湯「梅の湯」の主人、田中慶一が銭湯を臨時休業したうえ、銭湯全体をおでん屋や寿司屋などの模擬店舗に大変身させ、歌手仲間や地元応援団らを集めて盛大にバースデーパーティーを開いた。

第14回NHK紅白歌合戦は31日午後9時から11時45分まで、紅白各25組の歌手が出演して、東京・有楽町の東京宝塚劇場で開かれた。東京オリンピックを翌年に控えたこともあり、俳優・渥美清が聖火ランナーに扮して入場し、ステージ中央に作られた聖火台にジャンプしたところで、一斉に照明が入って華やかに幕を開けた。もっとも、テレビ放送はまだ白黒だった。司会は紅組・江利チエミ、白組・宮田輝アナウンサー。初出場は、紅組が高石かつ枝「りんごの花咲く町」、畠山みどり「出世街道」、倍賞千恵子「下町の太陽」、三沢あけみ「島のブルース」、梓みちよ「こんにちは赤ちゃん」の5人、白組は北島三郎「ギター仁義」、立川澄人「運が良けりゃ」、ボニー・ジャックス「一週間」、田端義夫「島育ち」、舟木一夫「高校三年生」、田辺靖雄「雲に聞いておくれよ」の6人だった。

舟木の出場は19番目。4日前の12月27日に日比谷公会堂で行われた第5回日本レコード大賞授賞式に、同じく新人賞に選ばれた三沢あけみらと共に出席。1曲目の「学園広場」の3番に入った途端に涙がほおを伝い、次の「高校三年生」では大粒の涙を流して歌えなくなり、司会の芥川隆行に背中をさすられる場面もあった。あとで「男性歌手が初めて泣いた」とマスコミで話題になったが、紅白歌合戦ではその〝再現〟はなかった。紅白歌合戦は前年の第13回から視聴率調査が行われるようになり、いきなり80％を超えたが、第14回のこの年はそれを上回る81・4％を記録し、紅白が〝国民的行事〟であることを証明した。この後、80％を超えたのは1972年の第23回（80・6％）のみで、1963年の記録は破られていない。

常識破ってNHK大河「赤穂浪士」出演

翌1964年1月5日からNHK大河ドラマ「赤穂浪士」の放送が始まった。当時、NHKの午後8時のゴールデンタイムは、1961年4月から生放送されていた青春コメディドラマ「若い季節」（主題歌はザ・ピーナッツ）がドンと構え、大河ドラマは当初8時45分からの放送だった。制作は毎週金・土・日曜の午後10時から、NHKテレビ第一スタジオで行われ、ビデオテープで撮る本番の日曜日は明け方まで撮影していた。当時のビデオテープは高価だったため、撮影したものは放送終了とともに消去して再利用され、現存しているのは第47話の「討ち入り」と総集編だけだという。

大石内蔵助に映画俳優・長谷川一夫、妻りくに映画女優・山田五十鈴、吉良上野介には新劇界の重鎮・滝沢修をはじめ、歌舞伎界から七代目尾上梅幸、八代目坂東三津五郎、映画界から志村喬、淡島千景、新劇から宇野重吉ら各界の大物のほか、中村賀津雄（のち嘉葎雄）、加藤武、田村高廣ら豪華な顔ぶれが揃った。とりわけ大映の看板俳優だった長谷川を担ぎ出すために、NHKの芸能局長・長澤泰治らが「電気紙芝居には出せない」という大映社長・永田雅一を何回も訪ねて口説き落とした。大物映画スターはテレビに出ないという〝常識〟が破られた瞬間だったが、娯楽の中心が映画からテレビに移りつつある象徴的な出来事でもあった。

矢頭右衛門七役に抜擢された舟木は1月14日に立ち稽古を行い、15日夜に初の本番の録画に臨んだ。アイドルが時代劇に出演したスタートとなった。舟木を含む四十七士を全員揃えての吉良邸討ち入りをいつ撮るかは最も難航した。人気俳優、歌手らのスケジュールが合うのは8月14、15日の2日間しかなく、真夏に討ち入りシーンを撮影することになった。ベテラン・長谷川一夫、新人・舟木一夫が揃って出演する〝2人の一夫〟のPR効果も手伝い、12月27日放送までの平均視聴率が31・9％、舟木初登場の2月23日に50・5％、最高視聴率は吉良を討ち取った後の第48話「引揚げ」の53・0％で、この記録は大河ドラマ史上いまだに破られていない。

19歳の舟木が初めてカツラを着けて登場したのも話題になったが、舟木自身、このドラマを通じて堀田隼人役の林与一（当時21歳）と知り合ったのは収穫だった。林は歌舞伎役者の家系に生まれたが、16歳の時に松竹映画「七人若衆誕生」でデビュー後は時代劇スターとして活躍。時代劇好きの舟木はほぼ同年齢の林の映画も観ていた。また、長谷川が林の祖父・林長三郎の部屋弟子として歌舞伎界に入った経緯から、林を〝付き人〟として大事に扱っていたこともあり、林に「あの子（舟木）、時代劇は初めてのようだから、困ってたら教えてあげなさい」と舟木にも気を遣ってくれていた。長谷川からはその後も化粧方法などで教えを受け、そんな縁で長谷川の二女で女優・長谷川稀世、その娘の女優・長谷川かずきと3代にわたり、舟木の座長公演でたびたび共演することになる。

林とは面白いエピソードがある。「赤穂浪士」を撮影中のことだ。2人の撮影予定が入っていたところへ、山田五十鈴や宇野重吉ら重鎮が入ってくると、2人の出番は後回しになり遅くなった。ある時、同じようなことがあってまた遅くなるということで、2人揃って時間つぶしに舟木が住んでいた四谷のマンションでコーヒーを飲むことにし、扮装のまま刀も持って車で向かった。ところが、交差点で止まった際、警察官が窓から覗いて「あなた方は一体何ですか!?」と職務質問してきた。それはそうだろう、時代劇の衣装を着て刀まで持っているんだから。困った舟木が「♪赤い夕日が～」と歌い出すと、「あっ！ 舟木さんですか」。事情を説明して事なきを得たが、まかり間違えば現行犯逮捕されるところだった。

【コラム】　長谷川一夫&大川橋蔵

舟木はのちに東京・明治座で行う公演を通じて、役柄に見合う顔を作るには自分で化粧し、カツラも自分の顔と相談しながら作らないといけないことが分かり、月刊誌「近代映画」の時代劇役者特集号を探し出し、化粧とカツラを研究。ものおじしない舟木は実際に教えを乞《こ》おうと、長谷川一夫が出演中の東京宝塚劇場に出向き、楽屋口で到着を待ち楽屋に入れてもらった。長谷川は舟木がスーツ姿で正座しているのを確認し、黙って鏡に向かって化粧を始めた。開演前に「そいじゃね、行ってくるから」と言って出ていった。後で弟子が「先生はどんな方でも『顔を作るから、ごめんね』と言って楽屋から出ていってもらうんですが……」。舟木の行為は芝居の世界では絶対にしてはいけないことだったが、勉強になった。舟木はその後も引き続き、化粧方法について長谷川から教えを受けていた。

舟木は長谷川だけでなく、大川橋蔵からも学ぼうと1日休みを取って、橋蔵が公演中の大阪・梅田コマ劇場（現・梅田芸術劇場）まで出向いた。舞台がはねた後、フグ屋で「舞台化粧の基礎を教わりたい」と申し出た。橋蔵は「それを役者に聞いちゃいけないよ。失礼になるから。盗んで覚えるんだ」と注意しながらも、化粧のイロハを教えてくれた。その時、橋蔵は「長谷川先生が敷いた舞台の娯楽時代劇という線路を引き継いで、どこまで延ばしていけるかに懸けているんだよ」と話した。舟木もしっかり〝長谷川→橋蔵〟路線を継いでいる。舟木の盟友である林与一は「これだけ時代劇を愛してお芝居が出来る人は舟木さんの他にはいません。こんな長い付き合いが出来ているのは、彼の人間性そのものです。あの方は脇役は出来ません。座長として続けて欲しい方です」と話している。

ワンマンショーに8万人、乱れ飛ぶ紙テープ

1964(昭和39)年2月6日には東京・帝国ホテルで「舟木一夫後援会発足祝賀パーティー」が開かれた。地元・愛知県一宮市や舟木が下宿していた新宿区若葉の町から広がっていた応援団組織を一つにしようと、直木賞作家で演劇評論家の安藤鶴夫らが音頭を取り、大正生まれの政財界人の集まりである「大正会」を切り盛りしていた長谷川木材社長の長谷川鏡次に働きかけてまとめ上げた。後援会員には政界から自民党の藤山愛一郎、中曽根康弘、石田博英ら、財界から帝国ホテル会長の犬丸一郎、サントリー社長の佐治敬三ら、芸能界からは長谷川一夫、山田五十鈴、森繁久彌らが

名を連ね、後援会長には舟木と同じ一宮市出身の元防衛庁(当時)長官・江﨑真澄が収まった。8日には、東京・日比谷公会堂で後援会発足記念の「舟木一夫ショー」が開かれた。後援会発足のニュースが流れると、ホリプロに1週間で1万通を超す入会申し込みが殺到したため、急きょ、新宿区四谷に後援会事務所が作られた。

舟木は3月1日から8日まで、東京・浅草国際劇場で初のワンマンショーを開くことになった。浅草国際か日劇(日本劇場)でワンマンショーを開くことが一流歌手の証《あかし》と言われた時代に、舟木はデビュー以来8か月余りで実現した。ゲストは本間千代子、堺正章ら、司会は玉置宏、指揮は遠藤実。開催前に舟木はコーラスグループのモアナ・エコーズに「先輩、1年と3か月になってしまいましたが約束通り出ていただけますね」と冗談交じりに依頼すると、先輩らは「お前はきついなぁ」。今度はしっかり持ち歌を歌ってもらった。

これより2か月前。ワンマンショー開催のニュースを知った舟木の故郷・愛知県一宮市の後援会員(約1万2000人)から、ニュースを報じた「一宮タイムス」や東京のホリプロに「いくらでも払うから切符を確保して!」という懇願や問い合わせが殺到。とりわけ一宮は有数の毛織物生産地で約6000の繊維会社に8万5000人が働いており、地元後援会員の6割が女子中・高校生、残りの4割が繊維会社に勤める女子工員。その女子工員らが「行かせてくれないと会社をやめます」

と訴えたため、地元後援会長の高橋猛らが国鉄と交渉を始めた。その結果、今では考えられないことが起きた。なんと、国鉄が尾張一宮駅から東京駅まで舟木ファンのための特別列車を走らせるというのだ。

「週刊平凡」(3月12日号)によると、12両編成の後援会列車「舟木一夫号」は3月1日午前9時3分、尾張一宮駅を発車。乗客は5000人以上のツアー応募者から選ばれた1030人。各車両の窓に「舟木一夫号」のステッカーが貼られ、車内は舟木の写真と後援会旗、千羽鶴で装飾されている。蒲郡《がまごおり》を通過すると、車内に「おはようございます。舟木一夫です。僕のために感激です」というテープ。浜松を過ぎると前部車両から「高校三年生」の歌声が流れ、次々に後部車両に波及して大コーラスになった。午後3時23分、東京駅14番ホームに到着。一行は丸の内中央口前で待機中の19台の観光バスに乗り換え、警視庁のパトカーの先導で第2回目ショーの開演時間ギリギリの3時58分に浅草国際に滑り込んだ。会場は定員3000人のところ立ち見客もいて120%の入り。舟木は新曲「君たちがいて僕がいた」を含む17曲を歌い、8回の衣装替えを行った。会場には色とりどりの紙テープが乱れ飛び、楽屋を埋め尽くした花束はトラックで運び出された。8日間の観客数8万人という浅草国際の新記録を達成した。

舟木のワンマンショーに本間千代子がゲスト出演したのは、青春路線強化を打ち出していた東映が舟木&本間コンビで初めて「君たちがいて僕がいた」の映画化を決めていて、そのPRも兼ねていた。ショーで本間は「愛しあうには早すぎて」と「純愛の白い砂」を歌った。2人はショーの合間にこっそり浅草国際を抜け出し、近くの隅田公園(墨田区)で映画のスチール写真を撮り、ショーが終った2日後から撮影を始めるという強行スケジュールだった。舟木と本間は前年6月にTBSテレビの「ロッテ歌のアルバム」で初共演し、10月からはTBSラジオの若者向けトーク番組「夢の青春コンビショー」(毎週土曜放送)で、翌年3月までDJを務めた。番組の中で月1回、2人が都内の学校を訪問し生徒たちと語り合うコーナーがあって、1回目に舟木の母校・自由ヶ丘学園を訪ねている。生徒たちから「先輩、必ず日本一になってください」と激励されて握手を交わし、最後は校庭に集まった約1000人の生徒たちから「高校三年生」の大合唱が巻き起こったという。

ところで、コロムビアの栗山章は、若い作曲家から「自分は栗山さんのピアノですか」、作詞家からは「私は栗山さんのペンか」と苦情を言われたことが何度かあった。「高校三年生」や「学園広場」などの歌詞を巡っても作詞家とやりあった。20代で会社の予算を任され、歌手志望の若者の人生を預かる恐ろしい仕事に就いた以上、妥協はすべきでない。妥協したら死ぬのは歌手。そんな強い信念があったからだ。栗山は自分のアイデアを駆使した舟木の歌が次々にヒットし出すと、あまり興味のなかった歌謡曲、流行歌を真剣に勉強し始め、暇を見つけては大きな書店に出かけて本の背文字を眺めては、歌の題になるような言葉を研究するようにもなっていた。作詞家の丘灯至夫は舟木の芸能生活40周年記念パンフレットに記している。「栗山君は舟木君に歌わせる歌のための仕事で、私が確実につかまる時間に私の自宅に夜討ち朝駆け。私はその都度起こされ、それから仕事をした。39年から40年にかけての2年間、栗山君と私は仕事の修羅場の中にいたといった状態だった。『この歌詞は前に使いましたよ』などと叱られたこともある。それだけよい仕事ができた」。

「高校三年生」が大ヒットしたことを知った丘の師匠の詩人で仏文学者の西條八十が、丘に「いい歌作ったな、おまえ」と祝いの言葉を述べたうえで、「俺にも舟木君の歌を書かせろよ」と冗句交じりに言ってきた。西條の作風が舟木の雰囲気に合っていたからで、おそらくこの話が丘から栗山に伝えられたのだろう。栗山は初対面の挨拶と新曲の作詞のお願いを兼ねて、1964年5月、舟木とともに東京・成城の西條宅を訪ねた。栗山は学生時代に日欧の近代文学にはまり、アルチュール・ランボーらを日本に紹介した仏文学者としての西條から多くを学んでいたこともあって、古い玉突台が見える古風な応接間に通された時には異常な緊張で震えた。そんな栗山の緊張も知らず、舟木が切り出した。

事務所独立、生母との離別〜死別

「先生、ここ数年余りお仕事をなさっていないのは、どうしてですか」。あまりにも遠慮のない質問に、栗山は「現実に仕事をされているのに認識不足じゃないか」と思いつつドキドキして聞いていたが、72歳の西條はニヤッと笑って答えた。「うん、仕事をしてお金を稼いでも、使ってくれる人がいなくなっちゃったから」「はぁ……」「君は知らないだろうけど、僕の奥さんが最近亡くなってね。僕の奥さんは大変な浪費家で、稼いできたものを湯水のように使ってくれた。その人が亡くなってから、仕事をしてもお金がたまるばかりなんだ。これは、つまらないことだよ」。そんなやり取りがあった後、栗山が書店で見かけたマルセル・プルーストの小説「花咲く乙女たちのかげに」を参考に、「花咲く乙女たち」というタイトルを西條に提案した。

その場で舟木は「この方の書かれる歌詞なら絶対にお客さまに感動を与えてくださるだろう」という印象を強く持った。西條も率直な舟木に好感を持ち、まもなく「花咲く乙女たち」を書きあげた。自分が若いころ、舟木のように女性の憧れの的で書斎が贈り物の花でいっぱいだったが、彼女たちも花のようにいつか散ってしまう。そんな思いを綴《つづ》った歌は、9月の発売と同時に大ヒットし、1964年のコロムビアのヒット賞に輝いた。祝賀パーティー会場に、めったに出ないという西條が姿を見せると、先に着席していた大御所の作曲家・古賀政男がすっと立ち上がり「ご無沙汰しております」と深々と頭を下げた。その光景を目にした舟木は、西條の存在の大きさを改めて思い知らされた。西條は壇上で「最近はバカな歌を書いている人が多い」と挨拶、「例えば」と曲名を挙げ、「そんな歌、書くもんじゃありません」。会場にはその曲の詞を書いた作詞家も来ていて、全員下を向いてしまったという。

そんな最中の1964年6月8日正午過ぎ、ホリプロ社長の堀威夫、同社チーフマネジャーの阿部勇、舟木らが東京・永田町のホテルニュージャパン（当時）で記者会見を行った。舟木がホリプロから独立して、阿部が新代表として16日に起こす第一共栄株式会社に移籍するという内容だった。舟木がこの話を初めて聞いたのは阿部からで、「ホリプロを辞めて独立したい」。超多忙だった舟木は「今そんな話はやめてよ」と突っぱねたが、「舟木が独立するらしい」という噂が業界で流れ始め、堀の耳にも入った。堀は舟木と3年間の専属契約を結んでいたため「あり得ない」と思っていたが、阿部の仕事を手伝うようになっていた舟木の父・栄吉から堀に「舟木の看板の序列を上げて欲しいという無理な申し入れ」（堀）があったため、堀は阿部を呼んで糾《ただ》したが、のらりくらりで要領を得なかった。その時点では、すでに栄吉と阿部の間で独立の話が出来上がっていた。激怒した堀は「これは明らかに契約違反。デビューして半年の駆け出しからそんな話が出たこと自体けしからんでしょう。テーブルを引っ繰り返してトコトン決着をつけるつもりでした」と話す。

それを知った大正生まれの政財界人の集まりである「大正会」のまとめ役の一人で、堀も世話になっていた長谷川鏡次が堀を呼び出し、「堀君、〝ならぬ堪忍、するが堪忍〟という諺《ことわざ》を知っているね。今は矛《ほこ》を収めるのが君のためなんだ」と怒り狂っている堀を宥《なだ》め提案した。「新会社の株式はホリプロ40％、阿部と栄吉で40％、残りの20％を大正会が持ち、舟木の興行権は当分の間、ホリプロが持つ」。長谷川は堀に「正しいほうに大正会の20％がつくのだから、君に悪い話ではない」とも言った。結果、パーソナル・マネジャー（第一共栄）とエージェント（ホリプロ）との分業化の必要性を説いてきた堀にとっては〝暖簾《のれん》分け〟の形になった。舟木にとっては制作担当マネジャーの福岡博正を一緒に新会社に移してくれたのが救いだった。舟木はのちに「僕のスタッフは『高校三年生』が大ヒットして周囲が見えなくなっていたのだと思うが、堀さんが大人の対応をしてくれました」と話した。

第一共栄の初仕事として、舟木は6月20日夜、本間千代子との第2弾の東映映画「夢のハワイで盆踊り」のロケのため、羽田空港からハワイに旅立った。スタッフ13人、キャスト8人、雑誌関係者6人、日本コロムビア関係者6人という大人数だったが、第一共栄は往復のパンアメリカン航空、宿舎のヒルトン・ハワイアン・ビレッジとのタイアップを考え、旅費はタダになった。この映画にも裏話がある。栗山が東映のプロデューサーに「花の銀座で盆踊り」の企画を提案したが受け入れられず、当時、東映がプロ野球球団・東映フライヤーズを所有していて毎年、ハワイ島でキャンプを行っていることをキャッチ。ハワイを舞台にした映画が閃《ひらめ》いた。一行を羽田に送って飛行機が飛び立った時、栗山は「歌謡曲の企画が空を飛び太平洋を渡ったという醍醐味《だいごみ》を実感した」という。

舟木は2か月後の8月1日から4日まで、名古屋・御園座《みそのざ》に初出演した。客席には舟木の産みの母、昌子の姿があった。昌子が来ていることは舟木も知っていた。事前に父・栄吉から「お前のお袋から電話があって、一度会いたいと言っているが、どうする?」と聞かれ、ショーが終った後、会うことにしていたからだ。約10年ぶりの対面場所は、名古屋市内の小料理屋。3人で会ったが、舟木はほとんど会話もしないまま15分で席を立ち、外に出た。「どうしたんだ?」と言う栄吉に、昌子から全く情が感じられなかった舟木は「あの人はダメだ。親父が別れたの、無理ないよ」と答えた。舟木は以来、昌子に会うことはなかったが、1979年秋、舟木が千代田区麹町のマンションでギターを片手に翌年発売する予定の「グッド・バイ・ソング」に曲を付けていた時、電話が入り、昌子の死を告げられた。舟木は「ああ、そう……」とだけ言って電話を切った。そして、何もなかったかのように再びギターを持って五線譜に向かった。5分ほどして突然、大粒の涙が溢れてきた。何度も何度もしゃくりあげた。それでも涙はいつまでも止まらなかった。

今も続く後援会会報誌「浮舟」創刊

１９６４年８月15日、舟木一夫後援会の会報誌「浮舟《うきふね》」の創刊号が発行された。Ｂ５判の創刊号には後援会長の自民党衆院議員・江﨑真澄、俳優の長谷川一夫、山田五十鈴らがお祝いの言葉を寄せ、舟木も映画「夢のハワイで盆踊り」のロケ紀行文を載せている。一時、「浮舟」と「浮舟ニュース」を交互に発行した後、第１００号からタブロイド判４ページの「浮舟」になり、５００号からはカラー印刷にグレードアップした。「浮舟」は藤谷和子を抜きにしては語れない。藤谷は１９６１（昭和36）年に夫を交通事故で亡くして途方に暮れていた時に「高校三年生」に出合い、一生懸命生きなければと励まされた。洋裁の仕事をしながら後援会の手伝いを始め、１９７３年からは〝後援会一筋〟になった。会員が減少して発行出来ない時期もあったが、２０２３年11月で６７９号になっている。藤谷は「舟木さんにも毎号書いていただいています。改めて凄いなと思います」と語った。舟木の〝寒い時代〟にも側で支え続けてきた、舟木の〝戦友＆大恩人〟だ。藤谷は２０１３（平成25）年９月10日、77歳で亡くなった。舟木は「約束だったから」と、棺の中に還暦の赤ツメコンサートで着た赤い詰襟の学生服を納めて送り出した。

　舟木の日劇での初公演が行われたのは、御園座の約１か月後の９月17日から23日まで。当時は１日３公演。出演中だったＮＨＫ大河ドラマ「赤穂浪士」をそのまま舞台に再現しようと、矢頭右衛門七に扮して派手な立ち回りを見せたほか、東京・四谷の下宿近くの花柳寿太郎宅に出向いて習った日舞を披露。歌謡ショーでは〝学生服からの脱皮〟をはかり、着物、ラフなセーター、タキシード姿などで歌い、新しい舟木一夫を見せることに成功し、劇場の動員新記録を達成した。平均睡眠時間は2、3時間で、公演中にもかかわらず、テレビ番組の録画12本撮りという日もあった。民放テレビ局間の移動は10分程度。まず早朝から2、3本撮り、午前11時からの1回目の公演終了後、エンディングの衣装のまま車で着替えて2、3本。戻って2回目の公演……という感じでこなした。衣装は全て自分で決めていたため、1週間以上先までのスケジュールが頭に入っていたという。

舟木は超多忙の合間の11月3日、母校の一宮市立萩原小学校の「みどりの庭」に、木のフシを抽象化した高さ3メートルのオブジェ「がんばりの像」を寄贈した。「子供たちが木の力強さを感じ取り頑張って欲しい」という願いが込められたもので、当時、武蔵野美術大学の学生だった若林功が3か月かけて制作した。1979年に校舎を新築する際に取り壊され、現在はプレートが残っている。舟木はこの年、やはり母校の一宮市立萩原中学校にも掛け時計（側面に「寄贈　舟木一夫」の文字）を贈っている。こちらは2010年7月8日、壊れて動いていないことを知った舟木の同級生らがポケットマネーを出し合って修理、学校正面の壁で再び時を刻み始めた。さらに、地元の真《ま》清田《すみだ》神社の境内摂社の服織《はとり》神社に大鈴も奉納している。舟木のお客さんの人気スポットの一つだ。

1964年12月12日、東京・内幸町の帝国ホテル・スカイルームに約200人が招待され、舟木の20歳記念パーティーが開かれたが、終了後、バンドリーダーのチャーリー脇野は一風変わったお祝いをした。チャーリーは知る人ぞ知る大の落語好き。若いころから六代目三遊亭圓生の大ファンで、暇さえあれば東京・人形町の寄席に通い詰めていた。業界に入って知り合ったピアニスト・秋満義孝の親戚に海老一染之助がいることを知り、染之助を通じて圓生師匠を紹介してもらい親しくなった。舟木も子供のころからラジオの落語番組は欠かさず聴いていたほどの落語ファン。チャーリーが圓生師匠にお願いしたところ、舟木君のためならということになった。玉置宏と10万円ずつ出し合って東京・新橋の料亭「柳家」に高座も作って「牡丹灯籠《ぼたんとうろう》」(舟木の記憶では「妾馬《めかうま》」)を一席やってもらった。贅沢なお祝いだった。

大晦日はＮＨＫ紅白歌合戦に出場。一方で9作目の映画「花咲く乙女たち」の打ち合わせをして撮影に入るという慌ただしさ。撮影は年をまたいで、１９６５(昭和40)年1月早々から、舟木の故郷・愛知県一宮市、尾西市(２００５年に一宮市に編入)など〝織物の町〟を中心に展開された。この映画を撮るにあたり、映画「仲間たち」で知り合った監督・柳瀬観《のぞむ》に「僕のことをこんなに考えて書いてくれた脚本を見て感動しました。なんとお礼を言っていいか分かりません。撮影のスケジュールは全て監督さんにお任せします」と申し入れ、20日間のスケジュールを空けて臨んだ。ロケ現場は連日、大型バスで見学にくる女子高生、女子工員らでいっぱい。舟木の学友も多数来ていたが、

「〝おうっ〟なんて調子だった『高校三年生』の時のロケと違い、自分のほうが引いてしまって、どう距離をとったらいいのか分からなくなっていた」(舟木)。相手が〝スター・舟木一夫〟として見ているのが、舟木にも無意識のうちに伝わっていたからだ。

舟木は1965年1月20日から6日間の日劇公演「舟木一夫ショー」を終えた後、新曲「北国の街/はやぶさの歌」を吹き込んだ。「北国の街」は作曲家・山路進一の傑作の一つで、「ドラムを入れずにウクレレだけでリズムを刻んでいる新鮮な曲」(舟木)。クラリネットが北村英治という贅沢な曲でもあったが、舟木のステージのバンドリーダーのチャーリー脇野がジャズギタリストだった関係で、ワンマンショーでは大先輩のジョージ川口(ドラム)、小野満(ベース)らとの共演も実現した。3月からは映画「北国の街」(監督・柳瀬観、脚本・倉本聰)の撮影に入った。舟木は前作の「花咲く乙女たち」から映画にも本気で取り組むようになり、この作品が初主演映画。「映画の主役として舟木がもつかどうかという勝負がかかっていた」(舟木)というだけあって、18日間のロケのためにテレビ、ステージなど数十本の仕事を全て断っての出演だった。舟木の意気込みは柳瀬にも伝わり、「スクリーンで舟木君と会って良かったと観客に思ってもらえるような映画を目指した」と語っている。

柳瀬は1932(昭和7)年2月4日、東京・大井町の生まれで、小学6年生の時に見た黒澤明の「姿三四郎」で映画に目覚め、早稲田大学卒業後に日活に入社。同社プロデューサー・笹井英男から

「仲間たち」を撮って欲しいと頼まれたのが舟木との出会いで、「北国の街」が3作目。柳瀬は「ロケ現場で台詞を紙に書いて舟木君に渡すと、感が良くて5、6秒で頭に入れてくれた」と言う。この映画の共演者の和泉雅子は「あゝ青春の胸の血は」が舟木との初共演だったが、舟木の第一印象は「好青年で爽《さわ》やかな感じは日活にはいないタイプでした。舟木君はとにかく超多忙で、ロケ現場に来たかと思うとパッと帰る。だから、舟木君が立ち去った後は舟木君があたかもそこにいるふりをして撮っていた」と話す。

「舟木君はダントツでしたね」と和泉雅子

和泉は1947（昭和22）年7月31日、東京・銀座生まれ。劇団若草の後、金語楼劇団に入り、柳家金語楼のカバン持ちとして、金五楼が白組のキャプテンをしていたNHK「ジェスチャー」の楽屋に出入りしているうち、紅組キャプテンで日活プロデューサーの水の江瀧子に見いだされた。1961年7月に同社に入社後、1963年の「非行少女」（監督・浦山桐郎、共演・浜田光夫）でモスクワ国際映画祭金賞、エランドール賞などを受賞した。和泉が入社した1961年は、1月24日に石原裕次郎が志賀高原スキー場でスキーヤーと激突し右脚複雑骨折で全治6か月の大けが。石原が入院中の2月14日、今度は赤木圭一郎（当時21歳）が映画「激流に生きる男」を撮影中の昼休みに撮影所内でゴーカートを運転、大道具倉庫の鉄扉に激突し1週間後に亡くなっている。相次ぐ出来事に、和泉ら若い俳優への会社の期待が強まっている時でもあった。舟木はそんな時期に〝合流〟したことになる。

映画「北国の街」は長野県と新潟県の県境が舞台で、国鉄飯山線の最終列車が飯山駅のホームに入って来て和泉が舟木を見送るシーンがある。和泉がカメラに背を向けて舟木に向かって話しかけるところだったが、本番で汽車が入ってきた途端に台詞を全て忘れてしまった。タイミングと間合いだけはしっかり覚えていた和泉は、咄嗟《とっさ》に舟木に「私、台詞を全部忘れちゃったの。だけど、驚いた顔をしないで。私が〝はい、どうぞ〟って言うから、私の合図に従って台本通りにしゃべって」。舟木は顔色一つ変えないでしゃべったが、次の駅で降りるなり車で戻ってきて「マコちゃん、ひどいよぉ」。和泉は後で譜面台に台本を置いて読むアフレコをすると、ぴったり収まったという。和泉は舟木のことを「歌手は音程がいいから台詞が上手いんですが、舟木君はダントツでした。脚本の台詞をこうしたほうがいいんじゃないのって大学ノートに書き込んでいましたから。そんなことまでやっていたのは（吉永）小百合ちゃんと舟木君だけでしたよ」と話してくれた。

舟木は「北国の街」に続いて、「東京は恋する」「高原のお嬢さん」と立て続けに日活映画に出演した。当時の日活女優陣について舟木は「チーちゃん（松原智恵子）は女っぽくて、お客さんが焼きもちを焼かれたのに対して、マコちゃん(和泉雅子)やるり子(伊藤るり子)は少女の延長という感じで、あんまり女っぽくない人と共演したほうがお客さんに喜んでいただけた」と冗句を交えて話し、『高原のお嬢さん』はマコちゃんと僕の本格的なコンビが確立した映画」と言う。和泉はこの映画では高橋英樹との「刺青一代」(監督・鈴木清順)と掛け持ちで撮影。夜行列車で朝戻ってきてホームで化粧してから撮影現場に行くという状況だった。和泉は「当時、新宿で洋裁の仕事をされていたデザイナーの森英恵さんに、日活が専属で映画の仕事をして欲しいって頼んだの。『高原のお嬢さん』の時も日活の衣装部で仕事をしていらしたので、全て森さんのデザインだと思うわ。裕ちゃん(石原裕次郎)の『銀座の恋の物語』は森さんのアトリエがモデルなのよ」と話してくれた。

10月5日に発売した「高原のお嬢さん」(作詞・関沢新一、作曲・松尾健司)は、舟木にとって「ああ、歌い手としてやっていける歌に出合えたなぁという気持ちになり、ステージで半永久的に歌っていける曲になる」と直感した。もっとも、最初に見せられた歌詞は「♪リーブス　リーブス……」となっていて〝ブス〟が強調されるため、舟木の指摘で「♪リーフ　リーフ……」に変更したと言う。舟木はこの歌を大晦日の第16回NHK紅白内合戦で、白組司会者の宮田輝から「トップバッターがホームランをかっ飛ばします」と紹介され、軽快なイントロに乗って、大ステージの階段を颯爽《さっそう》と駆け降りて登場した。舟木自身がこの時歌った「高原のお嬢さん」が最高の出来だったという。この歌はその後、舟木自身が4番の歌詞を作っているほか、バラード調などにアレンジを変え〝成長〟を遂げている。

この年は舟木にとって大きな出来事があった。東京・四谷で2軒目の4階建てマンションの一室に住んでいた20歳の舟木は5月8日、元大学教授の老夫婦が売りに出した世田谷区代沢1丁目の物件を購入した。約200坪の土地に2階建て住宅2棟と平屋住宅1棟という大邸宅。これを機に、母・節、弟・幸正ら家族を愛知県一宮市から上京させ、真ん中の棟に舟木、奥の棟に両親と世話人、手前の棟に姉妹と弟の計11人が同じ敷地内に住むことになった。当時は個人情報保護という意識はなく、芸能人の自宅住所も詳しく報道されていた。代沢の住所も他の歌手、俳優らと一緒に「芸能人住所録」として月刊誌などに掲載されていた。四谷に住んでいたころは、土曜、日曜日になると早朝から女子高生ら500人以上がアパート前に列を作り、窓から部屋の中を覗き込んだりしていたし、ファンレターも毎日、郵便局員が約3000通入った4、5個の郵便袋を玄関わきに急きょ作った棚の上にドサッと置いていくという状態だった。

来日したザ・ビートルズとガチンコ対決

舟木の快進撃は続き、1966年は1月17日から日本テレビで始まった石坂洋次郎原作の連続ドラマ「山のかなたに」の主題歌を歌った。松原智恵子、伊藤るり子、西尾三枝子らはテレビ初出演、他に津川雅彦、轟《とどろき》夕起子ら。同月30日には、TBSテレビ「ロッテ歌のアルバム」の400回記念番組に、橋幸夫、西郷輝彦とともに出演し、前年12月に「月刊平凡」の企画で初顔合わせしたのに続き、テレビで初めて〝御三家〟が勢ぞろいした。5月4日からフジテレビでスタートした「銭形平次」の第3話・謎の夫婦雛に秋月新太郎役で初めてゲスト出演。その後もたびたび出演したが、この番組は舟木の主題歌とともに1984年4月4日まで17年11か月(計888話)にわたって放送され、ギネスブックにも認定された。

舟木はこの年、NHK大河ドラマ「源義経」に平敦盛《あつもり》役で出演することになった。舟木の出演が決まると、NHKには「敦盛は死ぬ運命だけど、舟木一夫は絶対に殺さないで。母も私も食事がノドを通りません」というものから、「NHKともあろうものが大河ドラマにまた人気歌手を利用するとは何事ですか」などという電話、投書が殺到。そして5月29日、「一の谷合戦」の放送で敦盛が熊谷次郎直実《なおざね》と一騎打ちの末に首を切られ戦死すると、「あれほど死なすなと言われていたのに、なぜ殺したんだ」と、それまでの2倍以上の抗議となった。同じ5月にシングル「敦盛哀歌/銭形平次」が発売された。「敦盛哀歌」の作詞は村上元三、作曲が古賀政男。当時は歌手のレコーディングには作詞家、作曲家ら多数が立ち会っていたが、この歌の時は古賀が所要で立ち会えなかったため、後でテープを聴いてびっくり。音が1か所間違っている。調べたら、舟木に渡されていた譜面に誤りがあったのを、舟木が譜面通りに歌ったことが判明した。古賀はのちに「早速、舟木君から電話があり、本人には責任がないのに、まるで自分がミスしたかのように謝っていたのをよく覚えている」と語っている。舟木は歌手生活15周年記念大全集を出す際に歌を入れ直し、約10年ぶりに元の音符通りの正しい「敦盛哀歌」が誕生した。

ところで、世界中に〝ビートルズ旋風〟が巻き起こっていた1966年4月27日付の読売新聞に「6月末に英国のボーカル・グループ『ザ・ビートルズ』一行4人を招き、極東で初めての演奏会を開催することになりました」という社告記事が掲載された。5月3日付の同紙では、来日公演は6月30日から7月2日までの3日間で、いずれも日本武道館大ホールで計5回の公演を行うと発表された。

すでに舟木のデビュー3周年記念リサイタルを7月1日から3日まで東京・大手町のサンケイホールで開くことが決まっており、関係者の間で客入りを心配する声も出始めたが、舟木は「気にしていません。ビートルズの客と僕の客は違いますよ」と言ってのけた。フタを開けると、ビートルズは計8万人を動員、7月1日午後9時から日本テレビで「ザ・ビートルズ日本公演」が放送され、視聴率56・5%を記録した。ビートルズ公演とガチンコで始まった舟木リサイタルは「じっくり聴いていただける内容にしました」(舟木)。第1部は劇団木馬座、劇団ひまわりとの共演で動物相手の幻想シーンを展開、第2部で西條八十のオリジナル組曲を聴かせ、第3部でヒット曲を歌った。結果は、関係者の心配は全く杞憂《きゆう》に終わり、2000人近くを収用出来るホールは連日、超満員だった。

勢いに乗って、8月15日から日本テレビで始まった石坂洋次郎原作の連続ドラマ「雨の中に消えて」で松原智恵子、伊藤るり子、広瀬みさらと共演。焼きもちを焼く舟木のお客さんから日本テレビに「松原さんを西郷(輝彦)さんのところへ帰して」などの投書が寄せられた。すでに、松原が西郷とともに「星と俺とできめたんだ」など3本の映画に出演し、松原&西郷コンビが定着しつつあったのを受けたもので、「松原さんを舟木さんに近づけないで!!」というファン心理が込められていた。

舟木は1966年に3本の日活映画に出演しているが、監督はいずれも西河克己。西河との出会いになったのが「哀愁の夜」(共演は和泉雅子)で、舟木はこの映画で「これまでの路線を変え、スーツにネクタイ、タキシードという世界観を確立させたかった」ため、西河に「今の髪型のままではダメな役をください」と申し出た。西河のほうは会社から「舟木は将来性がある。ウチで押さえておきたいので上手く撮って欲しい」と言われた作品で、ちょうどいいタイミングだった。幸い、撮り終えた後で舟木から「自分の作品は今後全部、西河先生でやってください」と言われた。西河の舟木に対する第一印象は「この若さでこれだけ古いタイプの人間っているんだなぁ」だった。舟木は「映画をやったことで歌詞への理解力が深まり行間が読めるようになったし、何より自分が〃動より静〃の歌い手であり役者であることをはっきり示してくれた」と言う。

主題歌「哀愁の夜」（作詞・古野哲哉、作曲・戸塚三博）については、「この歌をもらった時、自分はこういう歌が好きなんだと思った。メロディーラインが流行歌の構造になっていて、色気がある」と話す。舟木は〃好き〃が高じて、古野の3番までの歌詞に加えて、自ら4番、5番も作詞。時折、ステージでも披露している。この歌は舟木だけでなく、舟木のお客さんの人気投票でも常に1位か2位。ステージではイントロ部分の舟木の口笛が会場に響き渡り客席のお客さんを一気に〃抒情の世界＝舟木ワールド〃に連れていく、そんな効果のある曲だ。

♪

【コラム】「平凡」と「明星」

1960年代にテレビが家庭の中心的なメディアになり、橋幸夫、舟木一夫、西郷輝彦らテレビ映りの良い歌手が人気を集めるようになるとともに、芸能雑誌の表紙も歌手が飾る

ようになった。当時の若者は、歌手をはじめ芸能人の情報は主に「月刊平凡」か「月刊明星」、「近代映画」で把握していた。「月刊平凡」「月刊明星」両誌ともこの頃の表紙は毎号男女の組み合わせで、単独で掲載されることはなかった。

　舟木が「月刊平凡」の表紙に女優か女性歌手と2人で顔を出すのは1963年12月号から1968年2月号までの計14回。最も多いのが吉永小百合の3回、次いで和泉雅子の2回、松原智恵子らの1回だ。1963年12月号＝三沢あけみ、1964年4月号＝本間千代子、同年7月号＝高田美和、同年11月号＝姿美千子、1965年2月号＝吉永小百合、同年6月号＝和泉雅子、同年11月号＝九重佑三子、1966年2月号＝吉永小百合、同年5月号＝恵とも子、同年8月号＝和泉雅子、1967年1月号＝松原智恵子、同年5月号＝山本リンダ、同年10月号＝吉永小百合、1968年2月号＝由美かおる。

「月刊明星」は1952年8月、先行していた「月刊平凡」や「近代映画」に対抗する雑誌として集英社から創刊された。舟木が表紙を飾るのは1964年6月号＝本間千代子、1965年3月号＝高田美和、同年8月号＝東山明美、同年11月号＝吉永小百合、1966年2月号＝吉永小百合、同年6月号＝園まり、同年10月＝恵とも子、1968年1月号＝園まり。「明星」での舟木の相手は吉永、恵、園がいずれも2回で、「平凡」を合わせると、吉永5回、恵3回、本間、高田、和泉、園が各2回となっている。

ちなみに、1965年11月号と1966年2月号は、「平凡」も「明星」も表紙に舟木が掲載され、1966年2月号の表紙は両誌とも舟木と吉永が同時に掲載されている。非常に珍しいケースだと思われる。

第三楽章

きしむ歯車

トップスター・舟木一夫の人生が狂い始めた。
ヒット曲には恵まれない。
親族、事務所には巨額な借金があった。
“寒い時代”がやってきた。

産経新聞社提供　1981年

舟木自身が企画して誕生した映画「絶唱」

映画にも真剣に取り組み始めた舟木は1966(昭和41)年春、日活に対して大江賢次の小説「絶唱」を映画化したいと自ら企画を持ち込んだ。すでに9本の日活作品に出演して好成績を上げていたからスンナリ通ると思っていた。しかし、製作面も仕切っていた日活専務の江守清樹郎が強く反対した。6年前に小林旭&浅丘ルリ子で撮った際もヒットしなかった。前作と同じ轍《てつ》を踏みたくない江守は「今時こんな暗い映画は当たらない」と言って譲らなかった。納得できない舟木は「哀愁の夜」や「友を送る歌」の撮影で意気投合した監督の西河克己に相談した。前作を見ていた西河が「兵隊になって出征するところは丸刈りにしないといけないが、君はそんなわけにいかないだろう」と仕向けると、「僕やります」と言い切った。西河が製作部長に話すと「〝断髪式〟をやれば前宣伝として行けるな」と前向き。舟木は江守にも「もし入りが悪かったら、次の作品は無条件、ノーギャラで出演します」とまで言ったため、さすがの江守もGOサインを出さざるを得なかった。

映画に自信を持っていた舟木は「主題歌はいりません」と言い張ったが、「歌手・舟木一夫」を映画に出しているという感覚の日活には絶対必要だった。ディレクターの栗山章もすぐに歌のイメージが浮かばず困っていた時、作曲家の市川昭介が「演歌を書いている新人の詞に曲を付けたので聴いて欲しい」と言って「まぼろしの君」という作品を持ってきた。よくある売り込みだったが、栗山は市川が目の前でピアノで弾いたメロディーを聴いて「これしかない。詞は西條先生にお願いしよう」。栗山はすぐハイヤーを呼び、市川を東京・成城の西條宅に連れていった。話を聞いた西條は「2週間待ってくれないか」。出来上がってきた詞を見て舟木は驚いた。原作をじっくり読んだうえで「ワンコーラスのラストに一番言いたい〝なぜ死んだああ小雪〟と臆面もなくヌケヌケと書いている」(舟木)。その辺がこの歌のスケールの大きさを生んでいて、舟木は「歌い手が小細工するとダメな歌」だと言う。

映画を盛り上げるために、主題歌「絶唱」は8月に発売され、並行して撮影が行われた。西河によると、舟木のスケジュールは全て自分で調整して、やむを得ないもの以外ははずして全力投球。大変な意気込みだったという。撮影の大半は東京・奥多摩で行われたが、舟木が兵隊の姿で復員してくるところは鳥取砂丘のはしっこにある賀露《かろ》という小さな漁港になった。賀露港に近い智頭町《ちずちょう》は西河の出身地で、鳥取砂丘は西河が兵隊に出た時、実際に演習をさせられた場所で特にこだわった。舟木は西河について「限られた時間で効率よく撮っていくプログラムピクチャーの旗手。役者の力量、役割をあらかじめ計算出来ている職人芸というタイプの監督さんで、若手にとっては非常にやりやすかった」と話す。当時は〝西河組〟という撮影チームが出来ており、石原裕次郎、小林旭、吉永小百合に続いて、舟木も西河のローテーションに組まれることになった。

舟木の相手役は和泉雅子。西河から「小雪を本気でやりたいのなら、まずニキビを治して、そして痩《や》せなさい」と絶対条件を付けられた。ニキビは通院して治し、バターやジャムのないパン、マヨネーズもドレッシングもない野菜、白身の魚、鳥のささ身、マスカット少々という毎日のメニューで2か月間こなした結果、8キロ痩せた。和泉は西河には「ロマンチックに死にたいから、私を抱いている舟木君の表情だけで私が死んでいるように撮って」と懇願した。和泉は試写会の時、吐き気とめまいがしたため病院に行くと、診断は栄養失調。これはまずいと慌てて食べまくった結果、今度は12キロもリバウンドした。舟木もテレビ、雑誌などの取材を積極的に入れ、大相撲もびっくりの「断髪式」まで大々的に行った。2人のキスシーンでは、マネジャー代わりの和泉の母親がカメラの後ろから心配そうに注視する姿が目に入り、舟木は「何ともやりにくかった」。和泉が「この映画は2人の相性の良さが一番いい形で残った作品」と言うだけあって、9月17日に公開されると大ヒット。同年度に公開された日活映画の配収1位に輝いた。

10月1日から28日まで、21歳になった舟木が大阪・新歌舞伎座で初めての1か月座長公演を行った。同じ大阪の梅田コマ劇場では美空ひばりも1か月公演を行っていてマスコミで話題になった。当時は芝居の演目も歌のショーの内容も昼夜別で、昼の部の芝居は「大江戸ばやし」と「雨月道成寺」、ヒットパレード・限りなき歌声。夜の部の芝居は「黄金の卵」と「若君風流」、ヒットパレード・ひたむきな青春。ヒットパレードの司会は玉置宏、ゲストは奥村チヨら。当時、歌手の1か月公演は三波春夫、美空ひばり、橋幸夫に続くもので、前売り券の発売は9月18日だったが、前日の昼頃から窓口前に徹夜組が並び始めた。夜になると、台風22号の接近で風雨が強まったため、新歌舞伎座は急きょ1階ロビーを開放し係員が並んでいた270人と一緒に徹夜するという事態になった。舟木もテレビドラマ「雨の中に消えて」の撮影の合間を縫って東京で稽古を続け、26日に大阪入りし、本番前日の30日も午後10時過ぎまで最後の稽古を行った。幕が開けると、舞台は連日、補助席が出るほど大盛況だった。

相手役は当初、和泉雅子の予定だったが、直前になって日活側からダメ出しが出たため、葉山葉子になった。和泉のマネジャーが専務の江守に「いつも相手役ばかり。それより和泉主演の映画を作って欲しい」と強く要望したためだった。葉山は1946(昭和21)年7月23日、東京・馬込生まれ。10代からテレビドラマで耐える女の役も演じ、17歳にして〝メロドラマの女王〟と呼ばれた。舟木とはこの公演が縁で名コンビとなった。舟木について「新歌舞伎座の公演は、当時20歳だった私も大阪での初舞台。白塗りも初めてなうえ昼夜で演目が違っていましたから大変でした。何年かご一緒しているうち、舟木さんは時代劇にものすごくお詳しくていらして、何とかの映画というとパッパッパッと出演者の名前が出てくるし、カツラや衣装、小道具のことなど本当によくご存じ。私たち役者のほうが恥ずかしいくらいで、こういう時はどういう衣装かと相談すると、ちゃんと答えてくださるので助かっているんです」。舟木が師と仰ぐ大川橋蔵との共演も多く、「舟木さんが(銭形)平次をなさる時、立ち姿とかがエッと思うくらい似ていらっしゃることがあります」とも話してくれた。

エポックメーキング的なLPレコード

映画、座長公演が一段落すると、今度は年末の日本レコード大賞。大賞候補には、前年12月5日に発売されて以来、快進撃を続けていた加山雄三の「君といつまでも」(東芝)と舟木の「絶唱」(コロムビア)が最有力視されていたが、結果は10月5日に発売されたばかりの橋幸夫の「霧氷」(ビクター)が大賞、舟木が歌唱賞、加山が特別賞ということになり黒い噂まで飛び交った。大晦日の第17回NHK紅白歌合戦では、橋の「霧氷」(13番)と加山の「君といつまでも」(15番)に挟まれる〝微妙な順番〟の14番目に舟木が登場し「絶唱」を歌った。舟木はフランク永井、美空ひばり、三橋美智也、越路吹雪ら大先輩が獲得してきた歌唱賞を受賞したことについて、「先輩を差し置いて与えられたことで、歌に対するプレッシャーがものすごく重くのしかかってきた。賞に恥じないように歌おうという気持ちが、逆に歌を上手くまとめて歌ってしまう形になり、しばらくの間、歌がグシャグシャになってしまった。受賞して良かったという気持ちと、自分の歌が崩れ始めるきっかけになった曲ということで複雑なものがある」とまで語った。舟木は後にこの〝重し〟に苦しめられ、「絶唱」を一時〝封印〟することにもなる。

舟木は12月に日活映画「北国の旅情」の撮影に入るが、ここでもひと騒動あった。新歌舞伎座公演に内定していた和泉雅子の出演をドタキャンされたことで、舟木が〝脱日活宣言〟をしているという噂が流出。あわてた日活は「絶唱」を撮ったばかりの監督・西河克己ら3人を舟木が公演中の大阪新歌舞伎座に向かわせた。気を遣って千穐楽の幕が下りてから楽屋で会ったが、舟木は「先生にここまで来ていただいたら、今度は僕がお礼奉公しないといけない。ただスケジュールがいっぱいなので1週間で撮っていただけますか」。西河は帰京するなり、あてにしていた脚本家・山田信夫に執筆を頼んだものの多忙でNG。代わりに連れてきたのが倉本聰だった。倉本は打ち合わせを横で聞くと、1週間で台本を書きあげてきたという。

相手役は十朱幸代。主題歌は作詞家に頼んでいる時間がなく監督自らが2日で書きあげた。スキーなどの舟木の場面は吹き替えで撮り、約束通り1週間で終えた。切羽詰まって完成した作品だったが評判が良く、舟木も「幸代さんは当時、若手では力のある女優さんで、幸代さんが僕に合わせてくれたお陰で1週間でいい映画が撮れました」と出来上がりに満足し、その後も日活映画に出演することになった。この映画で上村英吉役の舟木が卒論の準備原稿を書いているシーンがあるが、西河から「そこでタバコをふかしてくれないかな」という注文が入った。舟木はタバコを喫《す》ったことがなかったから「このシーンは明日に回してくれますか」と要望。翌朝、起きるなりハイライトを吸ってみたところ「うまい！」と思い、撮影までに20本喫った。舟木のヘビースモーカーへの道が開けた瞬間だった。

これと並行して、舟木は歌謡界の歴史に残るほどの大きな仕事をしている。〝こころのステレオ〟と銘打って1966年11月10日に発売されたアルバム「その人は昔～東京の空の下で～」は、舟木にとっても歌謡界にとってもエポックメーキング的なLPレコードで、舟木の楽曲の中でも最高傑作の一つになった。栗山章は舟木と仕事をしているうちに「LPレコードはA面B面合わせて1時間の音楽を収録出来る。そこへシングル12曲をトコロテンみたいに並べて押し込むのはもったいない。テレビドラマやラジオドラマがあるように、レコードから生まれる音楽劇があってもいいじゃないか」と考えるようになった。1時間あれば短編映画が1本撮れるとも考えた。いかにも文学青年だった栗山らしい発想だ。栗山の仕事は速い。アルバム制作にあたり、作詞は「叙情を書かすならこの人をおいて他にいない」と栗山が太鼓判を押す映画監督&脚本家の松山善三。作曲は「頑固なほど自分のスタイルを変えない」という作曲家の船村徹と決め、1966年3月に会社に提案。5月に正式決定したのを受け、松山に「同じ字数の繰り返しではない散文形式の言葉による物語」を依頼した。

松山は1925（大正14）年4月3日に神戸に生まれ、横浜で育った。1948年に松竹大船撮影所に入社。同人雑誌に載せたシナリオが映画監督・木下恵介の目に留まり、木下学校の門下生として脚本を学び、1954年の「荒城の月」で脚本家デビュー。翌年に女優の高峰秀子と結婚後、1961年の「名もなく貧しく美しく」で監督デビューした。とは言っても歌の作詞は初めてで「なぜ僕に？」と思ったが、3回書き直して「思い通りに出来上がった」と満足した。作品は、北海道・襟《えり》裳《も》岬近くの漁村に住む貧しい家庭の青年男女が東京に夢を見て上京するが、都会の厭《いや》らしさに夢破れた彼女は自ら命を絶ち、何の救いの手も差し伸べられなかった彼は傷心して故郷に戻る……という悲恋物語。松山がかつて北海道を周遊した際、襟裳岬に近い百人浜の美しさに魅了されたのが〝原風景〟になっていた。

自由詩、散文、朗読文、対話文など様々な形式の詩情溢れる文章で綴られた松山の台本を見た船村は「これでは週刊誌の記事に曲を付けるようなものじゃないか」と驚いたが、栗山から「1分間の短いメロディーしか書けないのは作家として堕落《だらく》です」と言われたこともあって「とにかく初めての仕事でしたから、成功させれば後にも続くことになると思いましたし、何より松山さんに刺激されましたからね」（船村）と、こちらも歌謡、民謡、ジャズなどあらゆるジャンルの音楽を取り入れることにした。

このレコードで重要な役割を果たす効果音は、レコーディング・エンジニア（録音技師）の飯田馨が担当。「当時はテレビもラジオもステレオ化されていなかったので、ステレオ効果を盛り込んだレコードを作ろうということになりました。松山先生の台本を手に、真夏に北海道・襟裳岬とその周辺に出かけ、ディレクターら5人でサウンドロケ（サウンドハンティング）を行いました」。飯田はデンスケ（携帯用録音機）とステレオマイクを持参。マイクロバスを借り、襟裳岬の断崖絶壁から身を乗り出して波の音を録ったり、栗山が交渉して汽笛を鳴らしてもらったり、駅で汽車を走らせてもらったり、牧場で馬を走らせてもらったりしながら1週間かけて録音した。東京に戻ってからは毎晩遅くまでホテルに缶詰め状態になって仕上げの作業が続いた。飯田はのちに舟木邸に2歳の長男を連れていった際、「お疲れさまでした」と言って1メートル以上あった馬のぬいぐるみをプレゼントされた。

「この子と結婚するかもしれない」

「その人は昔」のために船村が書きあげた譜面は70枚。さすがの舟木も「広辞苑2冊分ほどの重さだった。こんな大きな仕事とは知らなかった」と絶句した。レコーディング本番は船村の指揮のもと約70人のオーケストラと40人の合唱団をバックに歌った。舟木の相手役に女優・松本典子、その歌声を浜百合子、朗読は重鎮・宇野重吉が務めた。注目は「ヨーロッパ・静止した時間」を発表したばかりの写真家・奈良原一高《いっこう》がジャケット写真のほか、44ページにわたる〝写真集〟制作にも携わっていることだ。船村は「歌とナレーションと音楽で構成された、新しいミュージカル的なレコード。舟木君は私が作曲したバラエティーに富んだ歌に、ひた向きに取り組みベストを尽くしてくれた。出来上がりは私が期待した以上で、LPレコードとしては画期的なヒットになった。3か月の労作で疲れたが快い疲労だった」（コロシート「歌のプリンス舟木一夫」）と記している。

アルバムは芸術祭参加作品として発売され大ヒットしたのを受け、映画化の話が相次いだが、松山が所属する東京映画（2004年に東宝に合併）に決まった。そして、舟木の相手役には前年の1966（昭和41）年1月から4月までNETテレビ（現・テレビ朝日）で放送された連続ドラマ「氷点」のヒロインで、「あこがれ」「お嫁においで」「伊豆の踊子」などの映画にも出演していた内藤洋子が抜擢された。舟木は初の東宝系映画出演、内藤も東宝系以外の男優と組むのは初めてだった。

ロケは1967年5月からスタート。松山が「フランスの名画『シェルブールの雨傘』のような映画を狙った」と口にした言葉通り、上映1時間半のうち50分が音楽という作品になった。このため、アルバムにはなかった6曲(うち2曲を舟木、2曲を内藤、2曲をデュエット)が加えられた。舞台美術家の朝倉摂はこの作品で初めて劇映画の美術を担当した。挿入歌にもなった内藤の歌について、船村は「彼女はこの映画で初めて『白馬のルンナ』などの歌を歌った。家が鎌倉だったので、私が自宅(藤沢)にいる時は寄りなさいと言ってレッスンしました。彼女のお父さんがお医者さんだったので、あなたは私の患者として言うことを聞きなさいって。そうは言っても、彼女は音を伸ばすと狂っちゃうんで、ブツ切りのような歌にしたところ、これが成功したんです」と思い出を語る。7月1日に公開されると、映画も大ヒット。7日からは東京サンケイホールでメモリアルコンサート「その人は昔」が上演された。その後、1971年7月号の「別冊少年ジャンプ」で、梶原一騎原作の「愛と誠」の劇画でも知られる漫画家・ながやす巧が同じタイトルで漫画化した。ながやすは18歳の時に映画館で「その人は昔」を何度も観て何度も泣いていたという。

舟木は映画「その人は昔」が公開された1967年の1月か2月、宮城県仙台市で行った公演後、劇場の食堂で後援会員と茶話会を開いた。その中に会員に連れられてきた中学3年生の女生徒がいた。話したこともなく名前も知らなかったが、隣にいたチャーリー脇野に「はす向かいに座っている子と結婚するかもしれない」と話した。チャーリーは妙なことを言うなという顔をして「ああ、いい子みたいだね」とだけ答えた。翌年7月。彼女は父方の墓参りのため上京した際、東京の後援会員と一緒に舟木の明治座公演「坊っちゃん」の楽屋を訪ねてきた。彼女らが楽屋を出ていくと、舟木はチャーリーに「覚えてる？ 去年の仙台公演で僕が結婚するかもって言った子だよ」と伝えた。「冗談でしょ」と笑われたが、舟木はこの時初めて、彼女の名前が松沢紀子で仙台市に住む高校1年生であることを知った。3年後、盛岡公演があった時、彼女は宮城学院女子大学の学生になっていたが、仙台の後援会を通して彼女に連絡を取った。舟木は公演後の休みを使って彼女の自宅を訪ね、初対面の両親に「結婚を前提にお付き合いさせてください」と申し入れた。サラリーマンの父親は突然のことで驚いたが、彼女の意思を尊重して交際を許可した。その後は仕事の合間を見てデートを重ね、紀子は東京でのデートの時は母親同伴で上京したという。

舟木は1967年4月4日から30日まで、東京では初めて明治座で座長公演を行った。演目は昼の部が村上元三作・演出の「維新の若人」と「ヒットパレード・春姿 花のステージ」、夜の部が川口松太郎作、戌井《いぬい》市郎演出の「春高楼の花の宴」と「ヒットパレード・星の広場に集まれ！」だった。芝居の相手役を考えていた時、たまたま見ていたNHKの時代劇「池田大助捕物帳」に光本幸子を発見。直感的に「この人だ」と閃き交渉してもらった結果、GOサインが出た。そして、光本が所属する劇団新派に「芝居の世界の行儀や礼儀を勉強したいので、新派で座組みしその中に僕を放り込んでいただけないか」と申し入れた。劇団が紹介してくれたのが長老格の一人、伊志井寛《いしいかん》だった。伊志井の父は落語家の四代目三升亭小勝《みますていこかつ》という生粋の江戸っ子。18歳の時に文楽の竹本津太夫の門に入り、その後、映画俳優を経て27歳で新派劇に加入、48歳の時に劇団新派を結成した。舟木はこの公演が縁で〝おやじさん〟と慕い、公私ともどものお付き合いになる。

光本は1943（昭和18）年、東京生まれ。舟木より1歳上だが、舟木は他の人と同じように〝サッちゃん〟と呼んでいた。子供の頃から舞踏家・六代目藤間勘十郎に師事し、12歳の時に明治座の舞台「望郷の歌」でデビュー。勘十郎と親交があった初代水谷八重子の目に留まって新派入りした。1969年に公開された渥美清の松竹映画「男はつらいよ」の第1作に初代マドンナ・坪内冬子役で出演し映画デビューした。光本はレコードも「霧のマドンナ／女ごころ」などを出しているが、舟木のシングル「ああ!! 桜田門」（1969年7月）のB面「恋のお江戸の歌げんか」では舟木とデュエットしている。

舟木はのちに、座長公演の千穐楽の芝居で、台本を無視して突然アドリブで台詞を語ったり、奇異な行動をして、共演者泣かせの〝お遊び〟をしばしばするようになる。このことを知らずに観に来たお客さんにはたまったものではないが、これはこれで面白いから憎めない。舟木に何故、いつから始めたのかを聞いたことがある。舟木曰《いわ》く「明治座の2年目だったと思います。一番出来ない僕が真ん中に立って先輩に気を遣うものだから、終わり頃にはストレスが凄いんです。千穐楽の2日くらい前に村上元三先生に電話して『疲れちゃいましたので、千穐楽は無茶苦茶楽しんでもいいですか』って聞いたら、『おお、やれやれ』ということで始めたんです。一幕目から見ていた先生から『二幕目は本物の酒を飲ませちゃえ』なんて言ってきましたから、それだけ信頼関係があったんでしょう。本当にいい時代だったんですね」と懐かしむ。

西條八十の「夕笛」の歌詞に盗作疑惑

舟木のシングル「夕笛」(作詞・西條八十、作曲・船村徹)が8月5日に発売された。西條から最初に届けられた詞のタイトルは「ふるさとの笛」だった。舟木はすでに日活の監督・西河克己に映画化の話を伝えていたため、直感的にこれは映画のタイトルになじまないと判断。早速、西條に「変えていいでしょうか?」と「夕笛」案を持ち出したところ、西條は快く承諾し、詞の中にも〝夕笛〟を追加してくれた。舟木によると、8小節のメロディーが7回繰り返され、アレンジも淡々としている難しい歌で、舟木が船村にそのことを伝えると、「そこを上手くやるのがプロでしょう」と素っ気なく言われた。船村はそれぞれの声質を考え、その歌手に最も相応しい歌を作る名手。舟木にとっては「この時期の歌としては最も苦労した曲」だったが、船村は「西條先生の初恋の思い出を歌った叙情豊かなロマン歌謡。舟木君は詩曲の味を十二分に歌に表現して満足させてくれた」と評した。

ところが、発売してまもなく、「夕笛」の詞は西條、北原白秋と並ぶ三大詩人の一人、三木露風の「ふるさとの」の盗作だという報道がマスコミで流された。西條は当時一切発言しなかったが、ちょうど1年後に雑誌で反論した。西條によると、日本コロムビアの依頼で流行歌の作詞を始めることになった時、先輩の三木に「僕は『ふるさとの』の詩が大好きです。いつかこれをベースに流行歌を作っていいですか」と尋ねたら快諾してくれた。それを「夕笛」に生かした——というものだった。西條は舟木に「君が歌う『絶唱』を聴いた時、三木さんと約束したことを思い出して『夕笛』を作ったんだ」と説明した。舟木は盗作問題が起きた時に一言も発せず、1年後にマスコミ報道を論破したところに「大詩人のバランスの取れたインテリジェンスを感じた」と言う。この時、西條75歳、舟木22歳。2人には50歳以上の年の差を感じさせない信頼関係が出来上がっていた。

芸術祭参加作品として9月23日に公開された映画「夕笛」は、昭和初期に北陸の城下町の〝椿屋敷〟に住む「若菜(松原智恵子)」と没落階級の子弟「雄作(舟木)」との悲恋物語。もともと「一心太助江戸っ子祭り」を撮った東映で製作する案が有力で、「若菜」には光本幸子か三田佳子が候補に挙がっていたが、舟木のスケジュールの都合で最低25日間の撮影日数が必要だったうえ、やはり東映は時代劇のイメージが強く「夕笛」にマッチしないということになり、「それなら日活で松原智恵子」で落ち着いた。撮影は8月10日の北陸ロケからスタートし、彦根ロケでは35度の猛暑の中、舟木と松原のキスシーンが撮られた。遠巻きに見守る約500人のファンの中に名古屋から駆けつけた松原の母と姉の姿もあったが、松原は「遠く離れて見ていたので、気にはなりませんでした」と淡々と話した。

舟木が「松原智恵子の美しさが際立っていた映画」と評する「夕笛」は、この年に公開された日活映画の全作品の中で配収1位に輝いた。そのことを約40年後に行ったインタビューで松原に伝えると「えっ、配収1位だったんですか⁉」と初めて知った驚きを隠さず、「そういえば、そのころ堀（久作）社長に呼ばれて『よく頑張ったね』って、お小遣いをいただきましたわ」といかにも松原らしく語ってくれた。

相棒ディレクター、マネジャーとの別れ

絶好調に見えた舟木だったが、舟木を〝寒い時代〟に導くきっかけになる出来事が起きた。相棒のディレクター・栗山章が突然退社することになったのだ。舟木が東京・明治座で公演中の1967年4月。楽屋を訪ねてきたコロムビアの担当部長の口から出た言葉に呆然となった舟木は「何故だ！」と叫んだ。〝クラウン騒動〟以来会社の体制が変わり、栗山のようなタイプのディレクターは

新会社の社風に合わなくなっていた。舟木はその時、「舟木一夫はあと半年で売れなくなる‼」と直感した。栗山は担当部長が舟木の楽屋で退社を伝えたことは知らなかった。「そのころは米国の大きなレコード会社に誘われていたし、20代の頃から、いずれ小説を書こうと考えていたから、僕自身暗くなることはなかったが、いろんな意味でこれから舟木は大変だろうなと思った」。舟木とは、東京・四谷の料亭で食事をして「お互いに頑張ろう」と言って別れた。

ともに戦いながら作り上げてきた舟木の歌の中で、栗山が最も好きなのは「たそがれの人」(作詞・安部幸子、作曲・山路進一)と「夕笛」(作詞・西條八十、作曲・船村徹)で、「忙しい最中の録音なので(舟木の)声は疲れ気味ですが、あの頃の僕が目指した歌謡曲の名曲です」と語った。舟木に伝えると、「栗さんらしいね」と目を細めた。栗山はコロムビアを退職後、ワーナー・ブラザーズ・レコードのアートディレクターを経て、1990年に米ニューヨークに移住し、「テロリストは千の名前を持つ」(河出書房新社)など、そこに暮らす人々を題材にした小説を書き続けた。私が栗山の死亡を知らせる手紙を受け取ったのは2013年12月。日本の事務所として使っていた東京都港区三田のマンションの一室で「6月10日ごろ病死された」と記されていた。一人寂しく旅立った栗山、78歳だった。

栗山の退社というショックを受けながらも、舟木は予定されていた次のシングル「残雪」を吹き込み、映画も撮り終えてから再度考え直そうと腹をくくったが、早速「残雪」の作詞家をめぐって後任ディレクターと意見が合わず、「じゃあ僕がやるから」ということで、舟木自身が作詞することになった。もともと言葉にはこだわりを持ち、生かせそうな言葉は大学ノートに書き留めていたから、この際、自分で作るほうが気軽だった。作詞家デビューのペンネームは「高峰雄作」。雄作は映画「夕笛」の舟木の役名で、お気に入りの名前だった。実はこの名前が舟木自身だということを先輩の島倉千代子が知るところとなり、「私にも書いてよ」というわけで、「慕情はかなく」（作曲・市川昭介）という歌を書いた。舟木は1968年7月13日に東京・浅草の国際劇場で開かれた歌手生活15周年記念「島倉千代子ワンマンショー」で島倉にプレゼントした。

「夕笛」に続いて松原智恵子と共演した映画「残雪」（監督・西河克己）は、愛し合ったもの同士が兄妹と分かり雪の中で心中するという内容。松原もクランクイン前日まで「わが命の唄 艶歌」（監督・舛田利雄）を撮影してのハードスケジュールの中の出演で、スカートと靴という姿で深い雪の上を歩くのがつらく、舟木におぶってもらって現場まで行ったほど。そこで松原はスカートだから下に物を敷いても見えなかったが、舟木は雪に埋もれても何も敷かず2時間近く同じ場所から動けなかったため凍傷ギリギリになった。努力の割には〝重たい映画〟になり、「舟木一夫のこれまでのいい流れが終わる感がした」（舟木）という。西河ともこれが最後の作品になったが、後が続かなかった理由について「覚えていない。舟木君が他所で撮っていたかどうかも……」と語る。実際には、舟木はこの年の12月、やはり日活で松原と「青春の鐘」（監督・鍛冶昇）を撮っているのだが、西河の記憶の曖昧さは、舟木の力が急速に落ちていくことを物語っているようにも見えた。

悪いことは重なるものだ。舟木は1968年2月21日、東京ヒルトンホテルで〝懇談会〟を開き、5月1日に「舟木一夫音楽事務所」を設立すると発表した。社員21人の第一共栄が舟木以外のタレントを10人近く抱え、舟木が思うような仕事を出来なくなったというのが表向きの理由だったが、故郷の一宮から上京して以来ずっと行動をともにしてきた元ホリプロマネジャーで第一共栄社長の阿部勇との関係が息苦しくなってきたことも否定できなかった。新会社は舟木が代表取締役に収まり、運営は父・栄吉が行うことになった。ホリプロ時代から制作面のマネジャーを務めていた京都大出身の福岡博正が連絡の行き違いが原因で新会社に付いてこなかったのは痛手だった。

新会社の最初の仕事は、舟木自身の企画で実現した日本テレビの連続ドラマ「泥棒育ち・ドロボーイ」で、連ドラの主演は初めてだった。「ねずみ小僧」の現代版という内容で、作曲家・遠藤実の半生を描いた東映映画「太陽に突っ走れ」で共演した大原麗子のほか、横山道代（のち通乃）、大坂志郎、小坂一也らが出演した。撮影は6月から始まり、放送は10月3日から12月26日まで。舟木は第2話まで見た段階で「ちょっぴりキザで、おしゃれなドロボーが主人公では浮いている。これはフライングだ」と〝ダメ出し〟をしている。単発ドラマ「恋愛術入門」などでも共演した大原麗子との関係が週刊誌で取りざたされるという〝おまけ〟まで付いてしまった。

新会社設立後、若いマネジャーでは相手に失礼になるということで、父・栄吉が前面に出るようになった。しかし、そのうち仕事先から「オヤジさんは出しゃばり過ぎでやりにくい」とか、銀座のクラブで「オレは舟木のオヤジだ！」と言って息子の自慢話をしながら豪遊しているという話が舟木の耳に入るようになってきた。東京・代沢の大邸宅に、故郷・一宮から家族全員を呼び寄せ、文字通り〝家族水入らずの生活〟を送っていたが、これも1年、2年とたつと、ギクシャクするようになってきた。

家族はかつての「上田成幸」ではなく、「スター・舟木一夫」として見るようになり、舟木のフトコロをあてにするようにもなってきた。舟木はこのままでは家族が崩壊し、歌手・舟木一夫のリズムも狂ってくるに違いないと判断。代沢の家を出て一人で暮らす決意をし、同じ世田谷区祖師谷の160坪の土地に2階建て10室の大邸宅を新築し、マネジャーらと移り住むことになった。25歳になったばかりだった。こうして仕事面ばかりでなく、家族関係でも歯車がかみ合わなくなり、舟木を精神的に圧迫し始めた。

紅白で歌った「初恋」が最後のヒット曲に

舟木の〝予言〟通り、１９６９年のシングルは「青春の鐘／幸せを抱こう」「永訣《わかれ》の詩《うた》／京の恋唄」「追憶のブルース／素敵なあなた」「ああ!! 桜田門／恋のお江戸の歌げんか」「夕映えのふたり／高原のひと」「北国にひとり／いつか来るさよなら」の計6枚で、いずれも中ヒットだった。「歌唱法に舟木一夫らしさがなくなってきた」と指摘する人もいた。舞台も恒例の明治座公演（7月4日～31日）だけだった。公演後の9月9日、後援会の組織づくりなどで若き舟木に尽力した直木賞作家の安藤鶴夫が60歳で亡くなった。大阪万博と三島由紀夫事件の年と言われた翌１９７０年に発売したシングルもわずか4枚だった。8月1日から28日まで行った明治座での公演中の12日、西條八十が78歳で亡くなったという知らせが舟木の楽屋に届いた。コロムビアの栗山は「『絶唱』がヒットした時、西條先生から〝あなたは私の晩年を飾ってくれました〟と言われて嬉しかった」と話し、最晩年は面会謝絶の病室にも通してもらったが、側には風流な感じの美女が複数付き添っていたという。西條が亡くなってまもなく、舟木のもとに西條の遺品が送られてきた。差出人は長女の詩人・三井ふたばこ。生前に舟木から「先生がお亡くなりになったら、気に入らないものとか、書いて途中で止めたものとかをいただけませんか」と頼まれたことを実行したもので、長女宛てのメモに

「舟木君にあげる約束をしたから、一切手をつけずに送るように」と書かれていた。舟木は、流行歌の今後に役立てて欲しいと全品をコロムビアに寄贈した。

1971年8月1日から28日まで行われた明治座公演では、舟木が企画した「忠臣蔵異聞・薄《はく》桜記《おうき》」を演じた。明治座公演を始めた時、中学時代に見た市川雷蔵の映画「薄桜記」（監督・森一生、1959年11月公開）を思い出し、原作を読み、何とか舞台化したいと脚本家の土橋成男に相談したら「これは板に乗らない」と言われ、「一人の男が惚れた女を諦めきれず、命を落としてしまう。そういう話じゃないですか」とダメ出しされた。舟木の熱意で舞台化が決まった。早速、原作者の五味康祐に了解を取るため、共演の光本幸子と東京・練馬の自宅を訪ねた。緊張していったら、五味は「俺が会ったということはOKだよ」と簡単な回答。後に台本を届けようとしたら「いらねぇ」と断られ、ゲネプロ（通し稽古）を見た感想は「俺が書いたものとは全然違うな。これはこれで面白い」だった。舟木は新国劇で主役の丹下典膳《たんげてんぜん》を演じた辰巳柳太郎も訪ね、片腕の刀や懐紙の使い方を教えてもらうという力の入れようだった。舟木はこの年もNHK大河ドラマ「春の坂道」に徳川忠長役で出演。記念曲「春の坂道／里の花ふぶき」を出したが、レコーディングスタジオには作曲した古賀政男が和服姿で顔を見せ、本番の掛け声がかかると、懐から白扇を取り出して即興で日本舞踊を踊り出した。後で聞いたら、よほど気分が良かったのか、初めてのことだったという。

大晦日の第22回ＮＨＫ紅白歌合戦では、９番目に島崎藤村作詞の「初恋」を歌った。この歌は小林旭が１９６３年11月、婚約中だった美空ひばりが作詞した「男の道」のB面として発売されたが話題にならなかった。舟木が「残雪」を発売したころから新たに企画したもので、新しいディレクターに「いよいよ困った時には中ヒットが狙えるものがある」と温存していた。それを出さざるを得ない状況になっていたのだが、舟木の予想通り最後のヒット曲になってしまった。

失踪後に「これから死ぬ」の電話

１９７２（昭和47）年はデビュー10周年の記念の年だったが、２月３日に冬季オリンピック札幌大会の幕が開いた後、19日に世間を震撼させたあさま山荘事件が発生、連日連夜にわたってテレビ中継され、日本中が淀んだ空気になっていた。舟木は３月26日、フジテレビの「オールスター夢の球宴」に出演するため東京・神宮球場に向かう途中、胃痛を訴えて慶應義塾大学病院に入院。過労と胆嚢炎で「手術して２か月間静養する必要がある」と診断されたにもかかわらず31日に退院した。舟木の焦りが見える。５日後の４月５日朝、ジーンズにセーターという軽装で東京・祖師谷の自宅を出て、打ち合わせのため東京ヒルトンホテルに立ち寄り、運転手に「どうしても今週いっぱい休みたいから、事務所に伝えておいて欲しい」と言い残して〝失踪〟した。事務所で５日、６日の両日、関係先を探し回ったが連絡が取れず、フジテレビの番組などをキャンセルした。

7日夜、東京・高輪の事務所に舟木から「これから死ぬ」と電話があった。チーフマネジャーが居場所を聞き出し渋谷区の旅館の女将に連絡し駆けつけた。舟木は布団の中で昏睡状態だったため救急車で慶應義塾大学病院に収容した。翌8日に東京・赤坂の日本コロムビア本社で舟木一夫音楽事務所による説明会見が行われ、14日には両腕を抱かれた舟木本人が同本社で記者会見。「いろんなことが重なり、バラバラになった私の神経では処理できなくなりました」と語ったが、具体的な原因は分からなかった。入院先の慶應義塾大学病院では舟木の部屋の廊下を挟んだ向かいの部屋に偶然、明治座公演に舟木とともに毎年出演中の伊志井寛が入院しており、ここでも「いろいろ励ましてもらいました」（舟木）。4月16日に退院。18日には名古屋・名鉄ホールでデビュー10周年記念公演「愛と死をみつめて」（相手役は尾崎奈々）と「ヒットパレード・歩み続けて10年」に臨んだ。〝同情票〟もあって、連日超満員の大盛況だったが、公演中の29日に「伊志井寛死去、享年71」の訃報が届いた。

6月25日、森昌子が「せんせい」でデビューした。前年10月から日本テレビで始まった「スター誕生！」に出場して優勝したのを受け、ホリプロが獲得した逸材。〝企画循環説〟を唱える社長の堀が、作詞家・阿久悠とも相談したうえ、舟木の「高校三年生」「修学旅行」「学園広場」に対し、「せんせい」

「同級生」「中学三年生」の3部作を用意してデビューさせたものだった。その後の森昌子の活躍から、堀説は証明された。

舟木は7月24日、東京・浜町の明治座稽古場で、8月1日から始まる恒例の明治座公演「あの海の果て」の役作りのため断髪。伊志井を失った直後の公演だけに、楽日まで連日楽屋に泊まり込んで演じ切ったが、それでも観客数が7割ギリギリになっているのを見て、「自分が目途にしていた数字に近づいてきました。来年で一区切りつけさせてください」と明治座に申し入れた。明治座公演でも歌の指揮を続けたチャーリー脇野は公演後の打ち上げパーティーを世田谷区祖師谷の舟木邸で行っていたが、「彼が〝俺って、年とったらどうなるんだろうか〟なんて言うから、あんたはあんたの型でやればいいんじゃないのって言ってやった」ということを明かした。

また、何作か舟木の公演の原作を書いた小説家兼劇作家の川口松太郎からこのころ、「歌い手の寿命は短い。その点、役者は60歳になっても二枚目がやれる。舟木君の舞台姿はいいから、若いうちに劇団に入ってみたほうがいいよ」と勧められ、女優・水谷八重子（初代）からも「舟木さん、新派に来る気ない?」と何度か誘われた。舟木は〝10年目のジンクス〟と言われる分岐点で悩み始めていたため、将来を考えて一時、真剣に迷ったこともあるが、この話はウヤムヤのうちに立ち消えになった。舟木はこの年、デビュー以来9年連続で出場していたNHK紅白歌合戦に落選した。特に考え込むこともなかった。自殺未遂が致命的だった。

再度の自殺未遂も「嫁に行きたい」と結婚

舟木にとって1973（昭和48）年も大変な年だった。2月3日から22日まで、東京・渋谷の東横劇場で三島由紀夫の戯曲の演出家として知られる松浦竹夫が主宰する松浦企画の第1回作品「愛する時も死する時も」に出演。美輪明宏とともに日本版ハムレットという感じの〝艶歌ミュージカル〟を演じた。舟木&美輪の異色コンビで話題をさらったが、3か月後に急性胆嚢炎で再び慶應義塾大学病院に入院。退院して1か月後の7月7日、東京・ホテルオークラで記者会見し、宮城県仙台市在住の会社員の次女、松沢紀子（21）＝宮城学院大4年＝との婚約を発表した。舟木28歳。2人は3月に婚約、4月に結納を交わし、結婚式は翌年1月17日に東京・永田町の日枝神社で、NHK大河ドラマ「春の坂道」で親しくなった作家・山岡荘八夫妻の媒酌で行うということだった。この後、舟木は8月1日から最後の東京・明治座公演をこなし、9月にはフジテレビの「銭形平次」にゲスト出演した後、新曲「サンチャゴの鐘」（作詞・横井弘、作曲・船村徹）をリリース、10月にはアルバム「舟木一夫 魅力のすべて」も発売した。ところが――。

10月29日朝、今度は京都市内のホテルの浴室で、前夜から宿泊していた舟木が果物ナイフを手に、首や胸を突いて昏睡状態になっているのを付き人が見つけ119番通報。救急車で近くの病院に入院した。前日は神戸市内でのショーを終え、付き人とチェックイン。別々の部屋に泊まったが、舟木が朝になっても起きてこないため、付き人が見にいって発見した。舟木は原因についてのちに、「端的に言えば人間関係の煩《わずら》わしさからきたもので、冷静に先読みする自分と、コトを性急に推し進めようとする自分との確執に疲れてしまったようだ」と振り返った。医師には、あと6分発見が遅れたら命はなかったと言われた。病室には家族のほか知人も駆けつけた。チャーリー脇野もその一人で、「耳元でバカ野郎って怒鳴ってやりましたよ」と話す。全治1か月の重症と診断されたのを受け、大阪・新歌舞伎座は10月30日、12月に予定していた舟木の1か月公演「鼠小僧只今参上」(共演は伊藤雄之助、東千代之助、茶川一郎、丹下キヨ子ら)と「ヒットパレード」の中止を決定し、舟木の事務所にも伝えた。翌日には12月いっぱいを休館にせざるを得ないという発表も行った。

週刊誌をはじめマスコミは連日、やれ女性関係が原因だ、スター歌手ゆえのひ弱さだ……などと憶測記事を書き立てた。そんな中、舟木は11月18日にこっそり退院。そのまま静岡県富士市の友人宅に向かった。父・栄吉は「人間一人、何をやっても食っていける。父親として二度と芸能界に復帰させたくない」と、引退させる意向を表明。舟木一夫後援会の会員の中にさえ、芸能界復帰を危ぶむ声が出始めていた。

やっと落ち着きを取り戻した舟木はまず、父・栄吉に仙台の婚約者・松沢紀子宅への使者を頼み、「申し開きの仕様がない。婚約をいったん白紙に戻し、後はご家族の判断に従います」という意思を伝えてもらった。婚約破棄は当然と思って覚悟していたが、1か月後に松沢家から電話があり、「家族会議の結果、紀子がどうしても嫁に行きたいと言っているので、お引き受け願えますか」――。舟木は紀子に確認のうえ、当初、媒酌人に予定していた作家・山岡荘八夫妻にも連絡し、1974（昭和49）年4月29日、東京・六本木のTSK・CCCターミナルで挙式&披露宴を行った。内輪だけの簡素なものにしようと、招待客も作曲家・遠藤実、作詞家・丘灯至夫ら本当に親しい付き合いをしている人だけに絞った。新郎新婦が離席している間、山岡夫妻が各テーブルごとに、「舟木夫妻をよろしくお願いします」と挨拶して回っていたという。

3か月後の7月11日、NHKから「27日にNHKホールで収録する『第6回思い出のメロディー』（8月3日放送）に舟木が出演し、『高校三年生』を歌う」と発表された。視聴者から希望曲を募集したところ「高校三年生」が圧倒的に多く、NHKから日本コロムビアに打診があったため、予定していた10月復帰を前倒しすることで了承した。収録当日は約4000人の観客を前に9か月ぶりに歌声を聴かせた。8月11日、東京・豊島公会堂で後援会主催のコンサートに出演して昼夜2回の公演で計38曲を歌い、復帰への確かな手応えを感じた。カムバック曲も「旅路」に決まった。初心に戻る意味も込めて、作詞・丘灯至夫、作曲・遠藤実という「高校三年生」コンビが作った。12日は「旅路」のレコーディング。同席していた遠藤は舟木が歌っている間、ずっと涙を流していた。歌い終えた舟木は遠藤に「先生、声は?」と尋ねたが、遠藤の答えは聞き取れなかった。

「旅路」が発売された9月10日夜、NETテレビ(現・テレビ朝日)で「にっぽんの歌」の収録を行い、再起第1作と紹介されて「旅路」を歌った。作詞の丘に対して、局から事前に励ましの詩を作って欲しいという要請があり、東京・赤坂プリンスホテルに2週間缶詰めになって作った。《君の命は歌だ。その歌声がよみがえった。君の歌には美しい音色がある。君の歌には人生の哀歓がある。君の歌を誰かが待ち望んでいる。その人たちのいる限り、君は歌いたまえ。君の命は歌だ》。そんな詩にも後押しされ、舟木は何とか立ち直ろうとしたが、どうしても気持ちがついていかない。大晦日のNHK紅白歌合戦で、10年連続出場を続けていた西郷輝彦が落選した。2年前に自分が落選した時と同様、格別な思いはなかった。

舟木一夫音楽事務所の知人の運転手から神原孝直に「舟木が新曲『旅路』で心機一転して出直すので手伝ってくれないか」と電話があった。神原はサンミュージックに入社して1年半くらい経っていたが、広島にいた中学時代から後援会に入るほど舟木の大ファンだったこともあり、思い切って移ることにした。以来、舟木のマネジャー兼運転手として約12年間勤めた。事務所に入ってからは、東京・祖師谷の舟木邸の1階に2人の付き人らと一緒に住んだ。食事は新妻・紀子が作ってくれ、舟木は夜中の3時でも用事があれば、2階の寝室から神原らが寝ている部屋にある受話器のブザーを鳴らして「今度のコンサートの最後のところ変えてくれない?」といった調子だった。

「父の目の輝きを奪ったのは僕」

1975(昭和50)年は日劇の新春公演(ゲストはなべおさみ)で幕を開け、2月5日から11日まで、心配をかけた後援会員約200人とともにハワイ・バカンスツアーに出かけた。4月に東京・ホテルニューオータニで行った珍しいディナーショー「舟木一夫映画音楽を歌う」では、映画評論家の水野晴郎《はるお》が約20分間、映画の解説をするという趣向を凝らした。6月には5枚組アルバム「舟木一夫大全集」を発売した。そして、次の作品を何にするかという時に、「高原のお嬢さん」のようなものを探ろうということになり、日本コロムビアを退職して別の音楽会社に転職していた舟木の元ディレクター・栗山章に相談に乗ってもらった。栗山は8月2日に東京・読売ホールで行うコンサートのタイトルを「今までの僕・これからの僕」とし、栗山プロデュースの形でニューミュージックっぽいバンドを入れて作った。舟木はジーンズで通し、照明からパンフレット制作までスタッフは全て栗山が連れてきた。舟木はこの時のパンフレット制作チームを後援会誌「浮舟」のデザイナーとしても働いてもらった。

翌1976年はロッキード事件一色になったが、舟木自身の提案で8月に大阪・御堂会館、11月には東京イイノホールで、それぞれ第1回「ふれんどコンサート」(通称・ふれコン)を開いた。通常のコンサートとは違い、後援会員のための〝特別メニュー〟のコンサートで、構成・演出からパンフレットまで、舟木自身のイメージをデザイナーに伝えて作った。「ふれコン」はこれ以降、原則年2回のペースで開かれ、1978年からは年1回の「ラヴリーコンサート」や「風　アダルトに」も加わっている。

そんな中で迎えるデビュー15周年に向けて、1976年からベテランディレクターの矢部公啓が舟木を担当した。1936(昭和11)年生まれ。1958年にコロムビアに入社し、学芸部でクラシックや童謡、唱歌などを担当していたが、作曲家・船村徹に誘われて文芸部に異動。舟木担当になってすぐ、15周年記念の大全集を制作する企画を考え、連日、舟木と連絡を取り、互いの家で寝食をともにしながら夜明けまで論じ合った。具体的な作業を始めたのは1976年9月。スタジオ作業だけでも300時間以上というハードスケジュールだったが、舟木は音録りから編集作業まで時間の許す限り同席した。完成したものは、ワンマン・アルバムとしては初の10枚組で、収録曲96曲のうち68曲が新吹き込み、40曲が新編曲。中には一度レコーディングしたものの〝お蔵入り〟していた12曲のほか、舞台主題歌、映画名場面集なども含まれている。映画の名場面は、各映画会社からフィルムを借りてきてファンのための映写会を開きPRも行った。アルバムは1977年6月25日に「歌手生活15周年記念　限りない青春の季節　舟木一夫大全集」として発売された。

これから溯る同年2月25日には、15周年記念アルバム「一葉舟《ひとはぶね》　77オリジナル」を出している。このアルバムは矢部が作曲家・浜圭介に「すべて預けるから」という形で制作した。頼まれると熱くなる浜は『中原華道』という名前で作品を作る夢を見た」という。完成したアルバムは片面が浜圭介、片面が中原華道の作曲となっている。またこのアルバムで、舟木は「すずきじろう」「里中さとる」という新しいペンネームで作詞もしている。この2つのデビュー15周年記念アルバムを通して、意欲を失いつつも、矢部に押されて前向きに制作に取り組んでいた舟木の姿が浮かび上がる。矢部とは歌手とディレクターという形がなくなった後も付き合いが続き、矢部は舟木のコンサート会場に足しげく通い、しばらくの間、舟木のバースデーパーティーの冒頭の挨拶と乾杯の音頭を取っていた。

舟木は1977年7月2日から26日まで日劇、NHK連続テレビ小説「藍より青く」のヒロインを演じた真木洋子を相手に「怪傑!!児雷也《じらいや》」で大暴れした。この舞台は「肉弾」「独立愚連隊」などの映画監督・岡本喜八が東宝を辞めて初めて舞台に挑んだもので、ガマガエルに大蛇を乗せて大暴れするシーンなどを劇画タッチのスペクタクルとして演出した。6月1日には「すずきじろう」のペンネームで舟木自身が作詞した「怪傑!!児雷也」を出しているが、アニメ作家に作曲してもらおうと、「人造人間キカイダー」や「秘密戦隊ゴレンジャー」などの主題歌を手掛けた渡辺宙明を起用した。公演は1か月の定期券を買って観にくる客がいたほど盛況だった。

公演中の10日午後、慈恵医大病院から舟木のもとに「父・栄吉さん(63歳)が午後3時、消化管出血のため亡くなりました」という知らせが届いた。舟木は昼の部を終えて病院に駆け付け、取って返して夜の部をこなした。矢部は「夜の部では必死に涙をこらえていましたが、ファンの方もすでに知っていたようでつらいものがありました」と振り返る。舟木は後年、父・栄吉について、「僕が歌手になったため上京した親父は、本来の生き方が出来なくなった。あのド貧乏の中でぎらつかせていた目を東京では見ることはなかった。あの輝きを奪ったのは僕だと思う」と記している。立ち直ろうとしていた矢先の「親父の死」は、〝寒い時代〟に向かう舟木に拍車をかけることになった。

この年の暮れのある朝、舟木が寝ぼけ眼でスポーツ紙を広げたら、1面に「紅白出場歌手決定」の記事と表が載っていた。見出しに載っていなかったのですぐに気づかなかったが、一覧表を見て「橋(幸夫)さんの名前がない!?」。もう一度見直してみたが、やはりなかった。舟木の目から涙が溢れてきた。新聞を床に叩きつけて、ベッドの上で一人号泣した。自分が落選した時も西郷輝彦が落ちた時も格別な感慨はなかったが、橋が落選することで、御三家が共有してきた〝ひと塊の青春〟

【コラム】　御三家と紅白歌合戦

司会の玉置宏によると、ある時、TBS系「ロッテ歌のアルバム」の田中敦ディレクターと舟木一夫、西郷輝彦、三田明の3人で「御三家」を作ろうという話になり、日本コロムビア、日本クラウン、日本ビクターの3社に打診したところ、ビクターから「そういう話なら橋幸夫でやりたい」という提案が出され、橋、舟木、西郷による「御三家」が誕生した。三田を加えた「四天王」もこの時に生まれたという。当時の3人は超多忙で休む暇がなく、レコード会社間のライバル心も激しかったため、3人が会ってゆっくり話すことは難しかった。3人が初めて顔を揃えたのは1965年12月、雑誌での鼎談《ていだん》だった。

ところで、橋が初めてNHK紅白歌合戦に出場したのは1960年の第11回。舟木は3年後の第14回、西郷は第15回。3人は第22回まで8年連続して同じステージに立っている。最

御三家メモリアルコンサートの制作会見　2000年6月　左から舟木、橋、西郷　産経新聞社提供

初に紅白を落選したのは舟木。自殺未遂と「初恋」以降にヒット曲がなかったのが原因。続いて落ちたのが10年連続で出場していた西郷。西郷も新しいヒット曲が出なくなっていた。もっとも、橋は「いつでも夢を」を4回、「潮来笠」を2回歌っているから、レコード会社の力関係にもよるのか。

橋が落選したのが1977年の第28回。ただ、1990年の第41回と1998年の第49回に返り咲き、「いつでも夢を」を歌った。第49回は6月10日に亡くなった作曲家・吉田正の追悼を兼ねていた。西郷の復帰はないが、舟木が復活するのは1992年の第43回で、21年ぶりに「高校三年生」を歌った。その姿を母親と一緒にテレビで見ていた西郷は嬉しくて涙が出てきた。横にいた母親が「あんたもちゃんとやらないとダメだよ!」と怒った。西郷は立派な役者になっていたが、母親は歌手・西郷の姿をもう一度見たかったのだろう。西郷はそれが転機の曲「別れの条件」を出すきっかけにもなったという。

橋は2023年5月3日の80歳の誕生日に歌手活動から引退。西郷は2022年2月20日、前立腺がんのため75歳で亡くなった。御三家のうち、現在も歌手活動を続けているのは舟木だけになった。

が一瞬にして消え去っていくことへの悔しさ、御三家の歌を口ずさみ一緒に歩んできてくれた同世代のお客さまにも申し訳が立たない。そんな幾重もの思いが涙になって止まらなかった。しかし、舟木はこの時、その悔しさをバネにして立ち上がれず、歯車は悪い方に回転してしまう。

「さ・よ・な・ら　高校三年生」

翌年からは年に1、2枚のシングルを出すだけで、後援会員向けのコンサート以外、大きなステージもなくなってくる。30代半ばに差し掛かったころだ。自分は一滴も飲めないのに、酒に強いニューミュージックやフォーク系の仲間と付き合い、夜の街を徘徊《はいかい》する毎日にはまり込んでいった。当時のマネジャー・神原は舟木から「歌謡曲とニューミュージックの間を狙おう。ついては自分で曲を作る必要がある」と聞かされた。舟木は3人組のフォークグループを東京・小石川のアパートまで訪ねてギターの特訓を受け、シンガーソングライターを始めたという。

そのころだった。舟木のポスターに「さ・よ・な・ら　高校三年生」の活字が躍った。舟木は書き留めた。『高校三年生』を今後一切歌わないというのではなく、歌が大名作過ぎる。大変な歌に出合った。歌は残り、歌い手そのものが懐かしくなってはまずい。改めてリリースするレコードがどういうものか分からないけれど、40点や60点はいらない。負けるなら10点以下、勝つなら90点以上で勝ちたい。ひと騒ぎ、お祭り騒ぎをやろうよ」。その文面からは、舟木の焦りさえ感じられる。

シンガーソングライターの第1弾として、1980（昭和55）年1月にシングル「グッド・バイ・ソング／明日は明日で」（作詞&作曲・舟木一夫）とアルバム「29小節の挽歌」をリリースした。「グッド・バイ・ソング」はピンク・レディーをプロデュースしていたビクターの飯田久彦の目に留まり、2人のラストコンサートの曲目の中に入れて全国を回った。ピンク・レディーは1981（昭和56）年3月31日、みぞれ交じりの小雨が降りしきる肌寒い東京・後楽園球場（当時）で解散コンサートを行った。2人はレインコートを着込み傘を片手にした約3万人のファンの前で全34曲を歌い、歓声にかき消されながらラストに「グッド・バイ・ソング」を歌った。2人のファイナル用には阿久悠が「OH《オー》!」（作曲・都倉俊一）を用意していたが、「当時組んでいたチームの総意として、『グッド・バイ・ソング』をオーラス（最後）の曲に決めた」（事務所）という。

また、この歌は馬飼野《まかいの》康二によってフォーク調に編曲されたものを歌手の西村協がシングルレコード化して歌っているほか、俳優兼歌手の三ツ木清隆も趣を変えてLP「秋冬―女情歌」に収録した。舟木が作る歌そのものは決して落ち込んでいなかった。年末にはザ・ビートルズのジョン・レノンが米ニューヨークの自宅前で射殺されるという暗いニュースもあったが、舟木にとっては長男・純が12月9日に東京・板橋の中央総合病院で誕生するという嬉しい出来事があった。舟木と同じ「さる年・いて座・火曜日」で、目出度さに華を添えた。

ここで忘れてはならない人を書いておく。舟木は〝おやじさん〟と呼んでいた劇団新派の俳優・伊志井寛の娘でテレビプロデューサーの石井ふく子が主催したパーティーで、石井からTBSテレビの鴨下信一を紹介された。鴨下は1935（昭和10）年3月17日、東京生まれ。東京大学文学部を卒業後、TBSに入社し、ドラマ「岸辺のアルバム」「ふぞろいの林檎たち」などの演出のほか、直木賞作家の向田邦子とは「寺内貫太郎一家」などで名コンビを組み、「名文探偵、向田邦子の謎を解く」（いそっぷ社）などの著書もある。テレビのほか、「白石加代子・百物語」の舞台演出も手掛けた。舟木は初対面だったが、ドラマだけでなく、音楽、バラエティーなど守備範囲が広いうえ、大の音楽好きだったため、後日、舟木から電話して、「ステージの仕事やっておられるのですか。是非僕のステージも手伝っていただけませんか」と依頼、2人の会話が始まった。

舟木のマネジャーの神原によると、1977（昭和52）年1月の民音（民主音楽協会）公演のステージの演出・構成を鴨下に頼んだ際に舟木が大変気に入り、鴨下が担当するテレビドラマの収録日をはずすという条件付きで、毎年11月に東京・芝公園の郵便貯金ホール（のちにメルパルクホール）で行うリサイタルなどの演出を4、5年にわたって担当してもらうことになった。1982（昭和57）年11月に行ったコンサートは「酔って、S・inger」というタイトル。舟木は翌年5月、初めてのエッセー集「酔って、Ｓｉｎｇｅｒ　青春病大さわぎ」（青山書房）を出版した。この中で舟木は「Ｇパンはいてステージに立つ、サングラスをかけて唄う、ギターをさわってみる、詩、曲を作ってみる。そんなことで何ひとつ、今の舟木一夫が左右されるはずもないだろう。舟木一夫がなぜ歌を唄っているのかが大事だとおもうだけで、理屈をこねるつもりなどは毛頭ない。（中略）むずかしいのは、大ヒット曲に恵まれた歌い手。皆さんの力でかけがえのない青春を、宝物を与えられた歌い手だからこそ、舟木一夫は、まだ懐かしい歌い手になっちゃイケンノデス。（中略）男の子が本気で喧嘩をするンなら、凱旋するか玉砕するか、どっちかにしたいや」と〝揺れ動く心〟を書いている。

舟木と鴨下はある時、全て新曲でステージを作ろうということで意見が一致。鴨下が考えた構成に沿って舟木が詞を作り、それに合う曲を発注しようということになったが、鴨下から「ステージの意図を正確に伝えるためには、曲も舟木君が自分で書いたらどうですか」という提案。舟木も身の丈《たけ》に合ったステージ作りを考えていた時だった。

鴨下の構成がまとまった段階で「赤坂のホテルのラウンジで飲んでいる感じの詞にして……」といった注文が電話で届くと制作に取り掛かり、約30曲を作詞・作曲した。１９８２年に舟木がデビュー20周年を迎えた時、コロムビアの第一制作部長だった境弘邦から「20周年の記念パーティーをやりませんか」と持ち掛けられた。舟木は「今の状況でパーティーをやっても意味がないと思います。その費用をアルバム制作費にいただけませんか」と逆提案した。鴨下と作った曲の中から何曲かを選び、アルバム「ＷＨＩＴＥ」（同年6月）、「ＷＨＩＴＥⅡ」（翌年4月）として世に出した。

マスコミには舟木がニューミュージック路線に転向したなどという書かれ方もしたが、自作曲を「ふれんどコンサート」に事前に披露したところ評判が良く、その中から「愛だなんて言うまえに／Ｅｎｄ・Ｌｏｖｅ」と「つばさ／青春《わかさ》ばなし」をシングルカットした。そのころの写真週刊誌「ＦＯＣＵＳ」は、東京・渋谷の小劇場「ジァンジァン」で初めてのコンサートを開いた模様を「〝高校三年生〟は不滅です」というタイトルで見開き2ページにわたって掲載し、「『高校三年生』は〝卒業〟したという舟木が、１００席余りの席を満席にした〝昔のミーハー〟の前で、ニューミュージック風の『愛だなんて言うまえに』や『Ｅｎｄ・Ｌｏｖｅ』などを歌った」と報じた。神原は「本人はお客さんのためにやろうということでやったが、ジァンジァンなどのライブハウスは折半で、当時はバンドに払っていたら確実に赤字になり、借金が積み重なった」と話す。

弟の事故死、発覚する多額の借金

１９８2年9月9日に漫画雑誌「コミック・モーニング」（講談社、現在は「モーニング」）が創刊された。そのテレビＣＭが8月から流れていた。出演は舟木と元キャンディーズのランちゃんこと伊藤蘭。モノクロトーンで3つのパターンがあって、一つは日活青春映画風の「波止場篇」。土砂降りの波止場で倒れている舟木に、ランちゃんが「シンジさん」と呼びかけると、舟木が「2人でブラジルへ」。再びランちゃんの呼び掛けで舟木がこと切れると、「ガクッ」という文字が出る。2人はノリノリで、放水で土砂降りの中、6時間頑張ったという。テレビCM、新聞広告のほかに、〝創刊号予告篇〟(無料)というタブロイド版26ページの新聞も出している。表紙と裏表紙はカラーの伊藤蘭。モノクロの中面は見開きで「オトコ純情のコミックです。」という大きな文字。右面は船乗り・舟木と波止場の女・ランちゃんの写真と「一夫の航海日誌」、左面は学生風の2人の写真と「蘭子の家計簿日記」。舟木は別の面で「ベスト1は『あしたのジョー』。一番熱中した作品だし、いまもパネルを部屋に飾っている。ラストシーンでこちらの時間が止まってしまった。あれほどの作品はもう出てこないだろうね」などと記している。舟木37歳、伊藤蘭27歳の時の〝作品〟だが、この時期にこういうCMに挑戦したのは面白い。

1984(昭和59)年はシングルとアルバムの発売がゼロになったのに加えて、大切な人を相次いで失う〝受難の年〟になった。4月4日の放送で最終回(888話)を迎えるフジテレビの「銭形平次〜あゝ十手ひとすじ!! 八百八拾八番大手柄」に、美空ひばり、里見浩太朗、五木ひろしら豪華ゲストとともに出演。連続ドラマとして17年11か月続いた長寿番組の有終の美を飾った。その2日後。夜遅く帰ると、妻の紀子から「神奈川県警から電話がありましたよ」と伝えられた。午前3時ごろ県警に問い合わせると、「弟さんが亡くなりました」。呆然自失、絶対に嘘だろうと思いながら警察に出向き、霊安室に横たわる弟・幸正と対面した。その瞬間、何かが切れ、「一体お前は何のために生まれてきたんだ！」と叫んでしまった。聞けば、幸正は時々、部屋の鍵をどこかに忘れて非常階段からベランダ越しにマンション3階の自室に入ることがあったという。小雨が降っていたその日も酔って帰ってきて鍵がないのに気づき、いつものようにベランダ伝いに入ろうとしたが、雨で足を滑らせて頭から転落し即死状態だった。

神原によると、翌7日は東京・新宿のシアターアプルで大竹まこと、竹中直人らと「ネクラコンサート」を行う予定になっていた。舟木は午前9時か10時ごろに音合わせのために現れ、午後2時と夜のコンサートをしっかりこなした。客席は6割ぐらいの入りだったという。

思い起こせば、舟木は幸正の幸せのために単身上京して歌手になった。その幸正が高校をさぼって退学処分を受けたと母・節に聞かされた時には、東京・代沢の家にまで行って「何を考えているんだ」と言って幸正を殴った。その後、コックになって一からやり直したいと言ってきたので安心した。すると今度は「お店をやりたいので、最初の運転資金を貸して欲しい」。「店を経営するのは甘くない。寝言を言うな」と怒鳴ってはみたものの、そこは最愛の弟。しばらくして代沢の家の権利書を持って節を訪ねた。「この家はお袋たちのものにしてください。担保にすれば店の回転資金も出るでしょう。ただし、店が失敗しても僕は責任を持ちませんよ。その時は、みんなの住む家がなくなりますからね」と念を押した。

幸正が東京・渋谷に開店した高級クラブは1年足らずでつぶれた。代沢の家を売ってもまだ2億円近い借金が残った。借金は舟木が返済することにした。節には「ペナルティーは受けて欲しい。どこかに部屋を借りますから」とだけ伝えた。結局、節は実家に帰り、幸正は横浜で修業することになったが、その後も幸正は定職に就かずにいたようで、一度だけ会って話した。事故死の2年前だった。幸正の死後、半年間は頭の中が真っ白。心に空洞が出来て思考回路が止まってしまった。その間、何をやっていたのか記憶にない。

幸正が事故死したのと同じ4月6日に、2月に妻に先立たれたばかりの俳優・長谷川一夫が76歳で死去。12月7日には俳優・大川橋蔵が55歳の若さで亡くなった。しかし、驚かされるのはそれだけではなかった。1984年の暮れになって、神原ら2人のマネジャーが舟木に打ち明けた。事務所として20数か所から総額4、5億円の借金をして返済できない、と。幸正の分も含めると、ざっと6億円。東京・祖師谷の自宅と箱根の別荘を売れば何とかなると算段している矢先に、「実はあと8000万円……」。舟木は結局、計32か所の正確な債務者リストを出させて事務所の解散を言い渡した。25歳の若さで建てた祖師谷の豪邸を引き払い、杉並区善福寺の狭い借家に引っ越す日、タクシーに乗り込もうとしたら、まだ3歳の長男・純が「ここ、もう僕んちじゃなくなっちゃうんだね」と言った。胸にグサリと刺さったが、どうしようもなかった。

歌に対する自信の揺らぎ、最愛の親父と弟の死、そして莫大な借金返済……。そんなこんなで、30代半ばから40代半ばまでのおよそ10年間は、連日連夜の夜遊び、朝帰りの生活。1年のうち250日近く遊んでいた年もあった。純の手前、仕事がなくて家に居づらかったことも追い打ちをかけた。善福寺の借家に引っ越す際は、関係者に「もしお役に立てることがあれば、この電話番号にご連絡ください」と新しい自宅の電話番号を入れた挨拶状を送った。これまで未体験の国道沿いの健康ランドや田舎の温泉などから〝営業〟の依頼が入ってきた。事務所を解散したため運転手も付き人もいない。電話で仕事を受けると、自分で構成・編集したカラオケテープをバッグに放り込み、ステージ衣装を引っ提げて一人で仕事先を回った。ギャラは売れているころの半分以下だった。

仕事先では、アイロンを借りて持ってきたスーツとワイシャツのしわを伸ばし、係の人に進行表とカラオケを渡して「テープが白くなったところで止めてください」などと頼む。歌いながら客席を見ると、必ず「舟木よ、こんなスタイルでいいのか」というつらい視線があるのを感じていた。自分でも十分分かっていたから、励ましの視線だと受け止めるようにしていた。「高校三年生」の作詞家・丘灯至夫は、そんな時期に妻・ノブヨとともに福島県を訪れた際、タクシーでホテルの前を走っていると偶然、「舟木一夫ショー」という垂れ幕が目に入った。素通りしようとも思ったが、気になってホテルに寄った。狭い会場は地元のおばさんたちがパラパラという程度の入りだった。ショーを見終えて楽屋に顔を出したら、舟木が一人でポツンとしていた。ノブヨは「それでも努力している舟木君の姿を目《ま》の当たりにして、こうして歌を忘れない限り必ず蘇ると確信しました」と話した。

♪

【コラム】　市販されていない歌

舟木の歌の中には市販盤として一般向けに発売されなかった曲が何曲かある。分かるものを並べてみる。

〈わらじ音頭〉　1970年8月に初めて開催された福島県福島市の夏を彩る「福島わらじまつり」を盛り上げるために、福島県出身の作曲家・古関裕而《ゆうじ》が作曲した。作詞は茂木宏哉で丘灯至夫が補作している。歌手・加賀城みゆきとのデュエットだ。

〈井波慕情〉　富山県砺波平野にある木彫り工芸伝統の町・井波町（現・南砺《なんと》市）から委託され

て1977年6月に制作したもので、A面には都はるみの「木彫り音頭」が収められている。舟木、都のほかに制作陣には作詞家・石本美由起、作曲家・山路進一らが顔をそろえている。

〈あゝ鳥取城〉　鳥取市の関連団体が舟木に依頼して1982年9月に制作。B面の「望郷鳥取」も舟木が歌っている。舟木は1965年8月に「あゝ鶴ヶ城」、1971年4月には「あゝ名古屋城」も出している。

〈鶴岡銀座音頭〉　山形県鶴岡市の鶴岡銀座商店街か関連団体からの委託を受けて制作したものと思われる。A面は舟木、B面の「荘内盆唄」は村田英雄と加藤艶子が歌っている。両方とも作詞・松本一晴、作曲・遠藤実。

〈季節かさねて〉　舟木一夫後援会のテーマとして1985年1月に舟木自身が作詞&作曲して製作された。〝寒い時代〟のど真ん中に作られたが、舟木は「〝寒い時代〟にも歌から離れたことはなく、歌は歌ってるんですね」と語っている。B面は「英《はなぶさ》もよう」。

〈希望の諏訪〉　長野県諏訪市からの委託で作られた。作詞&作曲は当時の諏訪市長の岩本設嗣、編曲は山路進一。B面はコロムビア合唱団による「諏訪郡歌」。夏の盆踊りや諏訪湖の遊覧船の中でも使われていたという。

〈しあわせの星二つ〉　1964年6月制作。市販盤として発売された後、一時廃盤になったが、1999年からCD化され、一宮市七夕まつりのテーマ曲として使われている。B面の「織姫音頭」は「愛と死をみつめて」の歌手・青山和子とのデュエット。

〈朝日音頭〉 1968年に開催された第23回福井国民体育大会に合わせて、福井県丹生郡朝日町(現・越前町)が舟木らに委託して制作した。毎年7月下旬から8月上旬に行われる「あさひまつり」で、この歌に合わせて踊るとのこと。

第四楽章

永遠の青春へ

“寒い時代”を抜けて吹っ切れたという舟木一夫。
同世代のお客さんだけに向き合った
コンサート会場には
再び“流行歌の風景”が広がった。

松竹提供

船村徹の〝激〟、お客さんの熱意、妻の愛情

業界で情報が走るのは速い。しかも、いろんな形で伝わる。舟木は歌手を辞めてインテリアの仕事を考えているという情報まであった。そんな〝寒い時代〟のど真ん中にいたある日、作曲家の船村徹から電話があった。久しぶりの挨拶もなく、いきなり「舟木君、歌をやめるんだって。そんなの君の自由で、どっちでもいいんだけど、僕が君のために作った『夕笛』は誰が歌ってくれるんだい」。言葉を返す余裕もないまま、電話は切られた。舟木は突然、脳天をぶち割られたような衝撃を覚え、仕事、人生への甘えを一撃のもとに吹っ飛ばされた。ぶっきらぼうな船村の物言いの裏に深い愛を感じた。プロ歌手としての自分を恥じた。自殺未遂事件を起こし、父親と弟を失い、今の自分はお客さんの前から逃げようとしている。そんな自分は卑怯者以外の何者でもない。今すぐお客さんの前に姿をさらすべきだ。数多くの歌をともに作ってきた船村のひと言は、舟木を現実に引き戻した。

当時の話をすると、船村は「思い出しますね。私も若いころでしたからね。率直にそう思ったので、そう言ったまでです。彼は籠《こも》ってる性格があってね、書き手としては、彼のために書いた作品は大事にしてもらわなくては困ると言いました。私は歌い手のいいところを探して作品をまとめようとするわけですから、その人その人の個性にあったものを作っていくんですね。舟木君もその一

人であったわけです」と懐かしそうに振り返った。舟木はこんな姿でステージに立ったら、お客さんから大ブーイングとともに石が飛んでくるのではないか。そう思いながらも、船村の言葉に背中を押されて出てみると、逆に「頑張れよ」の声援が飛んできた。舟木にとっては想定外の反応だった。

当時、日本コロムビア宣伝部長だった境弘邦は「ステージを見て欲しいと言うので行ってみたら、客席は2列目くらいまでしか入っていませんでしたが、舟木君に紹介されてステージに上がったら客席から〝コロムビアはもっと舟木さんに力を入れなさい〟という抗議コール。実に熱いお客さまでした」と話す。こんなこともあった。ある夜、帰宅のためにタクシーに乗ると、舟木一夫だと気づいた運転手が「私は学生時代に舟木さんの大ファンでした。レコードも沢山持っています。乗ってもらうだけで大満足です」と言って、どうしても料金を受け取らずに立ち去った。後日、自宅に戻ると、舟木の古いレコードが届いていた。妻・紀子曰く、「1週間前にあなたを乗せたというタクシーの運転手さんが見えて、そのうち取りに来ますからこれにサインしておいてくださいって置いていかれましたよ」。そうしたお客さん、ファンの応援の一つ一つが復活に向けてのエネルギーとして蓄えられていった。

舟木が「嫁さん」と呼ぶ妻・紀子は、夫が連日のように夜遊び・朝帰りを繰り返す〝寒い時代〟をどう過ごしていたのだろうか――。舟木は結婚以来、ギャラの7割を紀子に渡し、使途については全て任せるが、逆に自分の仕事には一切口を出さないという不文律を作った。しかし、〝寒い時代〟には年収300万円以下という年もあった。1989（平成元）年1月に杉並区善福寺の借家から引っ越した三鷹市の賃貸マンションの家賃が25万円前後だったから、どうやりくりしていたのか。仙台の実家の応援を受けていたはずだが、紀子は一切言わない。幼い長男・純を抱えて台所の心配をしている紀子に「悪いな」のひと言がどうしても言えず、つい「しょうがねぇだろう」になってしまう。舟木の浮気がバレた時も、紀子の強い希望で相手の女性と舟木夫妻の3人が揃って話し合うことになり、一触即発の状態になるところだったが、紀子は会う直前に身を引き、大事に至らないような気配りをした。もちろん、しばらくは舟木と顔を合わせてもツンとしているだけだった。

1988年春に仙台放送のワイドショー担当者から舟木に連絡があった。4月からスタートする毎週土曜日の情報番組「ルック！ 202」の司会をやってもらえないかという依頼だった。聞くと、「仙台に縁があり、無名でない人」という条件に合致しているからだという。紀子が仙台出身ということを調べて連絡してきたのだ。翌年3月まで、女優の植木まり子とペアを組んで出演した。この間、毎週金曜日に仙台に行き、翌日本番ということを繰り返した。ほかにこれといった仕事がなかったから出来たということになるが、これも紀子が橋渡し役になったともいえ、テレビを見た舟木のお客さまから「久しぶりに舟木さんの元気そうな顔が見られて嬉しい」という声がたくさん寄せられた。一方で、「舟木さんがなぜ地方局で司会業をやってるの?」から「私はこういう舟木さんは認めません」という厳しいものまであった。この番組に出ていなければ届かない声。舟木は有難い声であると受け止めていた。

そんな折、小学4年生になった純と一緒に風呂に入った時、「何か欲しいものはあるか。あったら言ってみな」と聞いてみた。ファミコンの類《たぐい》ではないかと思っていたら、純は「自分の部屋」と答えた。世田谷区祖師谷の邸宅を明け渡す際の「僕んちじゃなくなるんだね」と言った声と重なって、舟木は息子にこんなことを言わせる自分に無性に腹が立った。そして、2年後に純が中学に入る時までには絶対に部屋を作ってやろうと心に誓った。何があっても激励し続けてくれるお客さま、紀子の献身的な支え、そして純の願い……。舟木は「いつまでも眠っている場合じゃない。そろそろ目覚めなければならない」。そう思い始めていた。そんな時、何気なく鏡を見て驚いた。今まで気づかなかったが、顔が歪《ゆが》んでいる。鏡を押して見直しても同じ。久しぶりにヘルスメーターに乗ると、身長が172センチあるのに体重が過去最低の51キロ。自堕落な生活のツケだ。これでは人前に出られない。

とにかく太ろう。目標は10キロ増。体重を10キロ増やすと歌のキーを半音落とすことになる危険性があったが、この際そんなことは言っていられない。〝逆ダイエット作戦〟を始めた。それまでの

1日2食から無理やり3食に増やし、ラーメン、そば、うどんなど、麺類中心に〝質より量で勝負〟を実践。そのうち寝る前にラーメンライスも食べるようになり、1日4食に。一時足踏み状態になりかけたころ、たまたま新幹線の中で会った元関脇の荒勢《あらせ》から太るには何よりも水のガブ飲みがいいと勧められ、食後のメニューにコップ2杯の水を追加。3か月で5キロ増え、4年後の1989年には61キロになった。歌っていてもパワーが付いた感じで、疲れが5分の1は違ってきた。1日80本喫っていたタバコが、57キロを過ぎたあたりから30本吸うと気持ちが悪くなり最終的には1日20本程度——という〝副産物〟まで付いてきた。

21年ぶりの紅白出場で「高校三年生」を歌う

そうなると、仕事先でも「舟木さん、体調が良さそうですね。いい顔になりましたよ」などと言われるようになった。逆ダイエット作戦が軌道に乗り始めたころ、ふとアイエス社長の伊藤喜久雄を訪ねてみようと思った。伊藤は東洋企画のプロモーターとして、デビュー当時の三田明ら数人を担当していて顔見知りだった。一緒に仕事をしたことはなかったが、東洋企画を辞めた後、東京・四谷に営業関係の会社・アイエスを設立すると〝四谷の鬼〟と呼ばれ図抜けた力量を発揮し破格の業績を上げていた。1989(平成元)年6月7日。そのころ梅沢富美男らのイベントをやっていた伊藤に電話して四谷の会社に出向いた。舟木は社長室で近況を報告し、営業面のバックアップをお願いしたいと申し出た。伊藤は顔を見るなり、「舟木さん、失礼ですが、今のあなたにはおカネの匂いがしません」と話を切り出した。伊藤はそのまま立ち上がって地方の興行師に電話をし出した。「舟木一夫を買いませんか?」。返事は芳《かんば》しくないようだった。3、4本かけた後、「お聞きの通りです」と言葉を返した。

伊藤はその時、「今の舟木には何かあるぞ」と直感したが、まだ早い。だからこそのやり方だったと言う。「直接話すより三人称のほうが時には効果があるんです」。舟木の歌はゆるやかな直球で球の道が見えるのが魅力だが、同じ歌を長く歌っていると手練手管で余計な歌い方をしたりする。バンドマンもそれに乗ってしまう。そう見抜いていた伊藤は、舟木に言った。「あったかい声が出るようもっと太りなさい。そして譜面通り、原曲に忠実に歌いなさい」と。「出直してきます」。舟木はそう言って会社を後にした。3回はやり直すつもりだった。舟木はさらに逆ダイエット作戦を続け、その効果が徐々に現れ始めた。そんな1989年6月24日、美空ひばり死去というニュースが伝えられた。2年前に亡くなった石原裕次郎と同じ52歳の若さだった。舟木はその後も逆ダイエット作戦を続け、11月にはジョンソン&ジョンソンの新製品「すまいのクルー」のCMに起用され、サンケイスポーツは「舟木一夫CMで復活」と芸能面トップ記事にした。舟木と森祥子(モデル)が夫婦役で、舟木が掃除場所に合わせて「高校三年生」の替え歌を歌い始める。「♪あ～階段／夕～日額縁／校舎を染め～テーブル／に～冷蔵庫の木陰日本間……」。当時は「懐かしい、胸がキュンとした」や「ひょうきんな舟木さんをビデオに録りたいので流れる日時を教えて！」、若い層からは「面白い曲だけど、誰か歌ってるの？」など問い合わせが殺到したため、年末までの予定を1月まで延長したほどだ。

1990（平成2）年の9月21日に7年半ぶりのシングル「落日のあとで／風のワルツ」（作詞・秋元康、作曲・徳久広司）をリリース。評判が良かったため、これを持って1991年6月、再び伊藤を四谷の事務所に訪ねた。ソファで向かい合うなり、伊藤は「舟木さん、おカネの匂いがしてきましたよ」。この日の再会まで、伊藤は舟木に電話の1本も入れなかったが、舟木の仕事を全てチェックして市場調査していた。後援会の藤谷和子には会員の状況などを聞き、舟木に対する町の噂なども調べ上げた。〝営業の鬼〟は徹底していた。伊藤は「そろそろ訪ねてくるな」と思っていた矢先だった。

伊藤は早速、舟木一夫デビュー30周年イベントの構築に向けて動き出した。舟木47歳。11月21日にシングル「友よ／いつか愛したおまえ」をリリース、12月5日に東京・中野サンプラザホールで「プレ30周年コンサート」、1992年1月に大阪・新歌舞伎座で「芸能生活30周年記念プレリサイタル」。5月には10枚アルバム「歌手生活30周年記念大全集～陽射し・旅人」とエッセイ集「怪傑!! 高校三年生」（近代映画社）を発売。10年分の遅れを一気に取り戻すかのように、次々にスケジュールが組まれていった。舟木はこの間の1991年5月に「芝居（銭形平次）＋コンサート」というスタイルでスタートさせたプレ30周年全国特別公演で、あえて日本レコード大賞で歌唱賞を受賞した「絶唱」を〝封印〟した。心機一転して立ち上がろうと燃えている時に「居眠りをしていた自分にペナルティーを課すため」だった。今なら歌えると納得が出来た時に、改めて歌い出したかった。

1992年12月に東京・新宿コマ劇場で主演・由利徹の喜劇「天保六花撰」にゲスト出演するとともに、30周年記念コンサートを行った。舟木は公私の区別を付けるため、普段から妻・紀子に「公演を見たいときは自分でチケットを買い、楽屋には顔を出さないように」と言っていた。座長の楽屋に妻が来てスタッフに余計な気遣いをさせたくないということもあった。しかし、小学6年生になった長男・純に父親の仕事場を見せておこうと、初めて紀子とともに「天保六花撰」を観劇させた。公演後の楽屋に2人を呼んで純に感想を聞いたら、「やれば出来るじゃん」だった。実は、アイエスに営業面の面倒を見てもらうことになった後、舟木は伊藤に「息子との約束で家を建てたいのですが、お金を貸していただけませんか」と申し出て、武蔵野市内に土地を購入。まもなく新築の工事が始まり、純の部屋が出来て引っ越せる見通しも立っていたのだ。

「天保六花撰」の公演中の12月4日付スポーツ紙各紙は「第43回ＮＨＫ紅白歌合戦」の出場歌手

の名簿を掲載した。舟木が21年ぶりに「高校三年生」で出場することが大きく報じられた。新宿コマ劇場では早速、司会の玉置宏が超満員の2300人のお客さんに報告。舟木が「区切りの年の朗報に感謝します」と挨拶すると、大歓声が沸き起こった。NHK「思い出の歌」のアンケートで1位だった「青い山脈」が前年から「高校三年生」と入れ替わり、この年も1位に輝いたのが紅白出場の大きな理由だった。視聴率は過去5年間で最高の55・2%だった。舟木は当時、復活劇について「なんだと聞かれても、僕自身が一番分からない」としつつ、「ただ、お客さまの場合は青春時代にワァーとなった後、結婚・子育てなどの生活が一段落する時期に来たということがあるし、歌手の世界ではアダルトエイジでの世代交代の時期というのがあって、それらがたまたま重なり合っているのかもしれませんね」と話している。

この間も伊藤は、舟木の1か月座長公演を復活させるために、全国の劇場に働きかけていた。耳にタコが出来るくらいに通い詰めて営業・マーケティング活動を行ったため、各劇場のプロデューサーからは〝耳タコ社長〟と言われた。最初に取り上げてくれたのは名古屋・中日劇場(当時)。「16か月に1回の割合でやりましょう」ということで、まずは1993年7月の1か月公演が実現することになった。芝居の演目は「銭形平次」。舟木は先輩・大川橋蔵が実際に使っていたものを身に着けて舞台に立ちたいと思った。小道具さんに聞くと、投げ銭と矢立てを改造した銭をぶら下げる小道具を保管してあると言う。橋蔵夫人の真理子に電話して使用許可を取った。実は、舟木は橋蔵の次男の俳優・丹羽貞仁《にわさだひと》ともしばしば座長公演などで同じ舞台に立っている。丹羽はかつて「舟木さんは父の命日には欠かさず花を届けてもらっています。本当に有難いことだと感謝しています」と話していた。

念願の新橋演舞場から座長公演の誘い

こうして仕事量が増え始めるのと比例して、新規加入のほか、一度遠ざかっていた会員が戻ってくるなどして後援会員も増えてきた。舟木は「この年になってやっと、曲がヒットするのとは別に、お客さまと充実したやり取りが出来る場所、空気が確かにあるなと分かってきた。お客さまも僕と同じような痛みや傷を負い、それらをクリアしながら歩いてきたという部分を、歌というパイプでつなげればと思っています」と話した。同年9月14日、東京厚生年金会館(当時)で行われた30周年ファイナルコンサート「絶唱~ありがとうあなた~」のアンコールで〝封印〟していた「吉野木挽唄~絶唱」を歌った。会場はびっくりしたような凄い拍手に包まれた。舟木からは「絶唱」へのコメントはなく、「それじゃあ31年に向かって歩いていこうかと思います」という挨拶があったという。

1995(平成7)年は1月17日の阪神・淡路大地震で暗い幕開けとなった。舟木は3月に大阪と名古屋のホテルでチャリティーコンサートを行い、収益金を産経新聞社などが提唱した「ランドセル基金」に寄託した。7月10日に神戸市内の中学校校庭で行われた贈賞式にプレゼンターとして出席し、4人の小中学生にバレーボールやグローブなど36点を手渡し、ミニコンサートを開いて励ました。1か月公演も年3回行うようになったが、年3回でも客席を満席に出来るかつての動員力を取り戻し完全に復活した。舟木は当時のインタビューに答えて、「四国か山陰の公演で『夕笛』を歌っている時、突然〝抜けた〟と思った。その時に、上手い歌い手じゃなく、いい歌い手になりたかったんじゃないの、技術じゃなくて、いい声じゃないのって気づいたんです」と話し、「〝寒い時代〟の中でも、自分の中の〝幹〟が折れる音だけは聞かなかった」と言い切った。折れなかった幹が〝芯〟になって復活劇を支えていたのかもしれない。

1997（平成9）年はデビュー35周年。舟木が「完全に正常な呼吸を始めた」と位置づけた年だ。1月に名古屋・中日劇場、休む間もなく2月は 大阪・新歌舞伎座で、いずれも「坊っちゃん奉行」と「シアターコンサート」の2本立てで1か月座長公演を好演した。3月に入ると、16日の埼玉・大宮ソニックシティーを皮切りに5月11日の東京厚生年金会館まで、全国10会場で35周年記念リサイタルを開いた。そして、間髪を入れず、5月30日からは松竹新喜劇との初めての合同ツアー公演を全国21会場で開催するというハードスケジュールをこなした。〝寒い時代〟がウソのように、あちこちから話が来る。NHK大河ドラマ「毛利元就」への出演依頼（椋梨景勝《むくなしかげかつ》役）は、「春の坂道」以来、実に26年ぶりだった。舟木は当時、産経新聞に次のようなメッセージを寄せている。「半分生きて、半分生かされて、振り向けば三十五年。みなさまへの感謝の言葉などどこを探しても見当たらない。『ありがとう』では、とても足りない。『高校三年生』『学園広場』……。あのスタートを見届けていただけたみなさまへの思いは一つ。できれば一緒に歩いてくれませんか」。

当時の舟木には大いに元気づけられる出来事があった。1997年8月4日から28日まで、初めて座長として東京・東銀座の新橋演舞場の舞台に立ち、「野口雨情ものがたり」と「ヒットパレード」を行うことになったのだ。舟木にとって、新橋演舞場は特別な思い入れのある〝念願の舞台〟だった。というのも、かつて東京・日本橋浜町の明治座で年1回の座長公演をしていた20代前半から半ばにかけ、小説家&劇作家の川口松太郎や女優の水谷八重子（初代）から「あなたは新派の姿をしているから、歌い手を辞めて新派に来なさい」と再三誘いを受けていたこともあって、「その頃から先輩方の歴史が沁み込んだ新橋演舞場の舞台で演じたい」と思い続けていた。念願かなった舞台の出演者も豪華。芝居には三浦布美子、元宝塚娘役トップのこだま愛、井上英衣子、いとうまい子、中丸忠雄、横内正、青山良彦、笹野高史らが名を連ね、「ヒットパレード」は玉置宏が司会、松本文男とチャーリー脇野が交代で指揮棒を振った。主題歌は小椋佳が作った。「風、好きに吹け―迷夢本望

――」。終演後の握手会、舟木との写真撮影など曜日別の趣向も凝らし、連日超満員の大盛況で、ある日の客席には作家の林真理子の姿もあった。

林は「週刊文春」に連載中だった「今夜も思い出し笑い」の第397回の〝昔の男〟の中で、東京都港区のホテルの喫茶店のガラス越しに見た舟木のことを書いている。林はその時、一緒にいた4歳上の友人に「絶対にジロジロ見ちゃ駄目よ。そこの席に座っているの、舟木一夫だよ。私は後ろを向いているから、さり気なく見なさいよ。2人一緒に見るとヘンだから……」。やがて背中ごしに友人のため息が聞こえた。「本当、間違いないわ……。本物の舟木一夫だわ」。そして「『懐かしのメロディ』で見るよりも、百倍カッコいいわ。着ているセーターの趣味もいいし、とっても若々しい」。そんな大感動の会話が続き、2人して昔話に花を咲かせるのだ。

林はこれを読んだ編集者や行きつけのスナックのママから「ありがとう」と言われた。アイエスの伊藤は読むなりコピーして舟木はもちろん、プロモーターら関係者に送った。偶然は続き、林が脚本家の内館牧子と新幹線に乗っていたところ、舟木もスタッフとともに途中の駅から乗車してきた。内館が「素敵ねえ、昔よりずっといいかもしれない」と思いながら挨拶すると、舟木から「今度、お2人でリサイタルにいらしてください」と誘われた。内館は1964年に発売された「あゝ青春の胸の血は」のB面の「夕月の乙女」の歌声に魅《ひ》かれて以来、舟木の大ファンになっていた。

林は新橋演舞場公演のパンフレットに寄稿し、次のように書いている。「一人の女が、スターという触れることが出来ぬ男に、ずうっと深い愛情と関心を寄せ続けるというのは、それこそ奇跡に近いだろう。（中略）若い時よりも今のほうが素敵というスターはめったにはいないのだ。私たちはそれを見るだけで、とても幸福な気持ちになるはずである。時は決して残酷な仕打ちだけではない。積み重ねていく美しさをもたらすことを教えてくれるからである」。また、林は舟木に何回か直接インタビューしているが、「林真理子全一巻」に収められている対談では、舟木が〝寒い時代〟に夜遊び・朝帰りを繰り返していたころに触れ、「奥様は何もおっしゃらない？」と尋ねる場面がある。舟木は「うちの嫁さんが偉いなって感心しているのは、その一点ですね。何も言わなかったです。（中略）家がなくなった時はさすがにこたえただろうけど、恨み言ひとつ言わなかった」と率直に答えている。

盟友・林与一が「やはり典膳は舟木ちゃんだ」

公演期間中、新橋演舞場のロビーは中年の女性客で溢れていた。異様な活気があった。舟木がデビューした時、中学3年生だった女性は「やっと子供たちが私の手を離れましたので、時間とお金の許す限り飛び回っています。今、ブランクを一生懸命埋めようとしているんです」と話した。舟木とともに生きた〝あの時代〟を蘇らせ、仲間との時間を取り戻そうとしているかのようだ。第2部の

「ヒットパレード」で、舟木が「学園広場」を歌いながら客席にマイクを向けると、女性客の大合唱が始まった。そして、「♪クラス仲間はいつまでも」「♪若い僕らの修学旅行」「♪夢を抱いてた仲間たち」と畳みかけられると、もう完璧に〝あの時代〟にタイムスリップしてしまう。別の女性は「辛い時期もありましたが、今は太られて以前より若い感じ。舟木さんも頑張っているんだと思うだけで毎日に張りができ、明日も頑張ろうって気になれるんです」と語った。

復活を遂げた舟木はつくづく思った。「高校三年生」というたった3分2秒の歌が一人の男の一生を決めてしまったが、あれから35年が経ち、再び同世代のお客さんに向き合ったら「高校三年生」はもはや舟木一夫の歌ではなく、同世代のみんなの歌になっていた、と。そして、これからはナンバーワンの歌手ではなくオンリーワンの歌手として、同世代のお客さんとともに旅を続けていこうと決めた。

1998（平成10）年8月の新橋演舞場での公演は、舟木の半生をドラマ化した「おやじの背中」と「舟木一夫こころの旅路」。舟木は公演を前に7月10日、故郷・愛知県一宮市の観音寺を訪れ、父・栄吉の墓前に報告した。「おやじの背中」は新橋演舞場とアイエスが決めた企画。舟木自身は自分の歩んできた半生を芝居にするのには抵抗があり、脚本の第1稿を見てから判断したいという条件を付けた。ところが、ジェームス三木が書き下ろした脚本は、いわゆるサクセスストーリーにならず、〝寒い時代〟の話も嫌味なく書いていて、共演したジェームス三木の息子の俳優・山下規介が「親父が書いた台本のベスト3に入るんじゃないか」と言うほど素晴らしい出来だった。

打ち合わせで舟木とジェームス三木が意気投合したのは「父親の復権」だった。稽古場での本読みの段階では、弟が事故死するくだりで舟木が声を詰まらせ、しばらく続けることが出来なくなる場面もあった。幕を開けると予想以上の反響で、翌年1月の京都・南座新春公演でも再演することになった。南座の演目はすでに「眠狂四郎」に決まりチラシも作成して一部のお客さんに渡っていたが、松竹会長の永山武臣が異例の〝会長命令〟を出して変更した。

1999年は南座に続き、新橋演舞場、中日劇場、新歌舞伎座と、1か月の座長公演を年4回行っている。中でも、8月の新橋演舞場公演「忠臣蔵異聞・薄桜記」は盟友・林与一との〝男の約束〟を果たす舞台になった。舟木が「薄桜記」を初演したのは1971年8月の明治座。2回目は1990年8月の新宿・紀伊國屋ホール。舟木によると、林は初演を見て、脚本・演出の土橋成男に「いつかは主役の丹下典膳をやらせてほしい」と直接申し出たばかりでなく、数年後には舟木に「どうしてもやりたいんで先生に電話してくれる?」と言ってくるほど惚れ込んでいた。舟木の助言で、1980年8月の明治座での公演で念願がかなった。ところが、「演じてみると、典膳はどうも俺にはしっくりこない」。そして、舟木の2回目の「薄桜記」を見て、「やはり典膳は舟木ちゃんだ。今度やる時は絶対に俺に堀部安兵衛をやらせろよ」ということになった。新橋演舞場で舟木が「薄桜記」を演じることを知った林は、いち早くアイエスの伊藤に2度も電話して「安兵衛は舟木ちゃんとの約束で、俺がやりますから」と直談判。ということで安兵衛は林に決まった。

演出家の榎本滋民《しげたみ》は、舟木の初演の舞台を作り、1992年12月9日に亡くなった土橋成男に対する追善と、土橋作品に取り組み直す舟木への声援の意味を込めて、この舞台を演出した。榎本は舟木の稽古を見て、メモ書きを渡した。それには「君は憂《うれ》いを含んだ人物を演じる時に、感情が先立つあまり憂いが勝って声が籠ることがある。それを直せば一段と良くなる」と書かれていた。具体的に聞き直すと、「お客さんが主役から聞きたいのは〝判官の声(若き二枚目の声)〟なんだよ」と答えた。それ以来、舟木の時代劇の声の調子が変わり、公演もよりスムーズに運ぶようになったという。とにかく、〝時代劇大好き人間〟の舟木は「舞台での娯楽時代劇は僕らが最後の世代。ほんの少し手を加えるだけで面白くなる時代劇は沢山ある。現役でいる間は時代劇を守り抜きたいし、攻めていきたい」と熱意を示し、「70歳を過ぎたら『忠臣蔵』の吉良上野介をやってみたいね」と冗句を交えて話した。

G3K(ゴサンケ)メモリアルコンサート

2000（平成12）年2月には、アイエスの伊藤が「昔、フランク・シナトラの映画を観て気に入り、どうしてもやりたかった」という芝居に挑戦。東京・新宿シアターアプルで、鈴木ほのか、久野綾希子を相手に〝踊りなし〟という条件付きのミュージカル「アイ・ラブ・ニューヨーク」を熱演。3月に新神戸オリエンタル劇場でも再演した。そして5月には、いったん決まりながら「おやじの背中」に演目を差し替えたため延期になっていた、市川雷蔵のはまり役「眠狂四郎」を京都・南座で初めて演じた。NHK連続テレビ小説「オードリー」に栗部金太郎役で出演したのも〝新生・舟木〟の勢いを示すものだった。

そして、同年6月1日、舟木（55歳＝コロムビア）は、橋幸夫（57歳＝ビクター）、西郷輝彦（53歳＝クラウン）と共に東京・新橋の第一ホテル東京で記者会見し、初めてのユニット「G3K（ゴサンケ）」を組み、10月6日の東京国際フォーラム・ホールAでのコンサートを皮切りに、翌年12月25日まで全国100か所で「御三家メモリアルコンサート」を行うと発表した。司会はもちろん、玉置宏。3人一緒の活動は約30年ぶり。同様の企画は10年ほど前から出ては立ち消えになっていたが、完全復活した舟木が牽引役となり、機が熟した形で実現した。8月23日には新ユニットによる初のCD「小さな手紙」を3人の所属レコード会社からそれぞれ別バージョンでリリース、8月と9月のNHK「みんなのうた」でも放送された。

Ｇ３Ｋコンサートが高知市内で行われた10月28日、「高校三年生」のモデル校となった東京・世田谷の松蔭学園で、完成した歌碑の除幕式が行われた。式には作詞家・丘灯至夫夫妻らが参加し、同校の女子生徒２１６０人と「高校三年生」を合唱した。同校によると、歌碑は幅２・１メートル、高さ85センチ、厚み40センチの庵治石《あじいし》（香川県庵治町、当時）。除幕式典のニュースを事前にキャッチした舟木のお客さんが大型バスで駆けつけ、その後もしばらくお客さんの見学者が続いた。舟木は翌年の２００１年もＧ３Ｋコンサートを展開しながら、４月に名古屋・中日劇場、６月に大阪・新歌舞伎座、８月に東京・新橋演舞場で１か月公演をこなし、この間の３月28日には東京・赤坂の全日空ホテルで「第22回・松尾芸能賞」授賞式に出席し、大賞を受賞した。12月20日から25日まで、大阪・新歌舞伎座で最後のＧ３Ｋメモリアルコンサートを開催。東京国際フォーラム公演以来、１２５日間で２５２公演を行い、40万３２００人の動員を達成した。

舟木には負担が重かったようで、年が明けた２００２（平成14）年１月７日に自宅で狭心症のため倒れ、東京・新宿の国立国際医療研究センターに緊急入院した。10日からスタートする「芸能生活40周年記念新春ビッグステージ」のうち、兵庫県尼崎市で予定していた初日と２日目の公演を、左手首を骨折していた西郷輝彦が代わりに務め、12日の姫路市の公演は橋幸夫が代役を買って出た。13日に退院した舟木は２月の東京・青山劇場での記念コンサートを終え、３月の西郷の明治座公演に〝恩返し出演〟するなどしたが、狭心症治療のため、映画「北国の旅情」の撮影中に覚えて以来、ヘビースモーカーを自認していたダンヒルの赤箱に別れを告げる禁煙宣言を行った。以来、タバコを喫う姿を見たことはない。

5月21日には、東京・赤坂プリンスホテルに橋、西郷らのベテラン歌手仲間のほか、同じコロムビアの氷川きよしも加わり、後援会員を含めた約８００人とともに、芸能生活40周年を盛大に祝い、終了後は出席者一人一人と感謝の握手を交わした。同じ5月に本名の上田成幸で作詞&作曲した40周年記念曲「浮世まかせ」をリリースした。舟木はのちに50周年記念曲を何にするかという時に、『浮世まかせ』は（リリースするのが）10年早かった」とよく口にしていた。それほどお気に入りの曲ということだ。

還暦迎え〝赤い詰襟〟で「高校三年生」

ところで、舟木は25歳のころ、スタッフらと「還暦を迎えた時にもし現役で歌っているようなことがあったら、赤いチャンチャンコならぬ〝赤い詰襟〟で『高校三年生』を歌ったらお客さんにウケるだろうね」と冗談を飛ばしていた。この冗談話はやがてお客さんの知るところとなったが、舟木が表舞台から遠ざかっている間にすっかり忘れかけていた。ところが、復活後のあるステージの楽屋で司会の玉置宏から「あの時の約束を果たそうよ」と持ち掛けられた。舟木も納得した。

60歳を前にした2004年には、〝赤い詰襟（赤ツメ）〟でお客さんとの約束を果たすことに全精力を傾け、12月12日には東京・中野サンプラザホールで「AKATSUMEコンサート」と題した〝還暦ライブ〟を昼夜行い、計4000人の声援に赤い詰襟姿で応えた。

舟木はこの日のコンサートを皮切りに、翌年まで全国58会場で「赤ツメコンサート」を行った。舟木はそのための赤い詰襟学生服8着を、学生服の企画・製作・販売の老舗であるコード服装（東京・中野）に特注。学生服専用の生地を使い、5つの金ボタンには「K」「A」「Z」「U」「O」の文字、襟ボタンには還暦を示す「60」の数字を入れ、襟章は五線に「高校三年生」の出だしのメロディーの音符やピアノの鍵盤などをあしらうという凝ったもので、「高校三年生」の作詞家・丘灯至夫と作曲家・遠藤実が1着ずつプレゼントしてくれた。「赤ツメコンサート」は12月11日、出発点だった中野サンプラザホールで締めくくった。このコンサートを通じて、舟木は「お客さんとの一体感」を実感した。舟木にはデビュー当時から拘りがあって、ステージで話す時も文章を書く時も、決して「ファン」という言葉を使わない。送り手（歌手）と受け手（客）という関係の中で、「ファン」は受け手のほうが低いという感じがするからで、若いころは「舟木さんのファンは……」と言われることさえ嫌だった。改めて聞いてみた。舟木一夫にとって「お客さん」「お客さま」とは、どういう存在か？　「声と同じくらい命なんでしょうね。絞り込むと、声とお客さましかない。その仲介役として作品がある。根っこの根っこを探すと、その人が持っているものということになると思いますね」。

そんな「お客さま」との間で〝同世代意識〟を一層深める一方、２００６年以降、かけがえのない大切な恩師、友人らを相次いで亡くすことになった。「絶唱」の作曲家・市川昭介（享年73、２００６年9月26日）、公私ともに親しかった先輩歌手・フランク永井（享年76、２００８年10月27日）、「高校三年生」などの作曲家・遠藤実（享年76、２００８年12月6日）、「花咲く乙女たち」などの日活映画監督・柳瀬観（享年77、２００９年2月21日）、「高校三年生」などの作詞家・丘灯至夫（享年92、２００９年11月24日）、盟友の司会者・玉置宏（享年76、２０１０年2月11日）、「絶唱」などの日活映画監督・西河克己（享年91、２０１０年4月6日）、「ケンちゃん」と呼んでいた親友の俳優・山内賢（享年67、２０１１年9月24日）。和泉雅子は「（山内賢の）訃報を一番に舟木君に電話したんです。通夜に来てくれたんだけど、もう真っ青な顔になっていて、あんな舟木君を見たのは初めてでした。相当にショックだったのね」と話していた。

２０１１年の3月ごろから、香取慎吾、舟木、五月みどりという異色の顔ぶれによる30秒のＣＭが流れ出した。香取慎吾がテレビ朝日の「徹子の部屋」風に〝今日のゲスト〟として舟木と五月を紹介する。香取が「どうしてお2人が呼ばれたか分かりますか？」と聞くと、五月が「何か二人に間違いがあったんじゃないかってこと?」。香取が「そんなことがあったとしても全然関係ないですね」。さらに「実はですね、ロト6が4月から週2回抽選になります。それは月曜日と木曜日。お二人の名前に入っていましたね」と話しかける。舟木が「そのためだけに呼んだの!!」と怒ると、香取が「鋭い!」とやったものだから、舟木が五月に「帰ろ!帰ろ!」と声をかけて立ち去っていく……。このCMは「傑作です」などと話題になった。歌手・舟木一夫の面しか知らない人には新鮮な驚きだったのではないか。ちなみに、舟木は67歳、五月は5歳上の72歳だった。

2012(平成24)年。舟木は芸能生活50周年を迎え、1月に名古屋・中日劇場で新春特別公演「銭形平次~春を呼ぶ絆」と「シアターコンサート」を行った。「銭形平次」は新作で、林与一、葉山葉子、長谷川稀世、桜木健一ら〝舟木組〟のメンバーが熱演、コンサートでは新曲「明日咲くつぼみに」を披露した。舞台で娯楽時代劇に拘る舟木は「長谷川一夫、大川橋蔵、萬屋錦之介らの先輩に接することが出来、歌い手としては時代劇に深入りしたタイプで、時代劇の最低限の骨法を教わってきた最後の世代なんじゃないでしょうか。先輩方と同じように、これからも〝お客さまの中に(イメージとして)ある舟木一夫〟を大切に演じていきたい」と話し、実践している。

新曲の「明日咲くつぼみに」は、実は1997(平成9)年に三波春夫が発表した曲(作詞・永六輔、作曲・久米大作)のカバー。舟木は50周年に歌うのに相応しい曲を模索していた2011年夏、スケジュールのメモを取りながら何気なく見ていたテレビから、BGMのようにこの曲が流れてきた。三波の特別番組だったが、4小節目あたりでメモを取るのを止めて聴き入ってしまった。「これだ!」と思った。「探していたものがここにあったという感じでしたね。爽やかな歌で3回聴いたら誰でも口ずさめるはずです。もっとも、歌い手としてはただ清らかに爽やかにではダメで、かと言ってしみじみ過ぎたり、あまりかみ締めて歌うとダメ。声の響きだけで淡々と歌うことを要求される歌なんです。いずれにしても、今の僕が歌うのにとてもいい歌。お互いのさり気ない応援歌にもなっていますからね」。

50周年の抱負を聞くと、「50周年だからということで特別に何かをやるとかいうのではなく、とにかくお客さまと一緒に思いっきり想い出に浸れればいいと思っています」と答えた。そして、改めて「歌手生活50年」について、「濃尾平野のど真ん中にいた少年が、自分で大した苦労もしないいま、本当に偶然に偶然が重なって歌い手の道に入ったんですね。運命論じゃないけれどやはり歌を歌うためにこの世に出てきたのかなぁって思っています。その間いろいろありましたが、〝寒い時代〟にも歌から離れたことはなく、歌は歌っているんですね。とにかく暇をつぶすにも〝音楽〟が絡んでくるんですよ。他のことが出来ないんでしょう、多分。芝居は後から出てきたんですが、50年を振り返ってみても、歌以外のことが出来たという記憶がない。のめり込むものが何ひとつないですから、間違いなくぶきっちょです。歌を歌える声がなくなったら、そこで全て終わるんでしょうね」――。

13年ぶりのオリジナル曲「春はまた君を彩る」

舟木は2012(平成24)年3月8日、東京・有楽町の東京国際フォーラム・ホールAで「舟木一夫 芸能生活50周年記念コンサート～ありがとう そして明日へ～」を開いた。「学園広場」から始まり「明日咲くつぼみに」まで計30曲を歌い上げた。記念コンサートはこの後、東京・日生劇場、京都・南座、名古屋・中日劇場、東京・新橋演舞場をはじめ全国各地で行った。デビュー日にあたる6月5日にはホテルオークラ東京で「舟木一夫 芸能生活50周年記念パーティー」を開き、9月には大阪・新歌舞伎座で1か月公演「浮浪雲《はぐれぐも》(相手役は秋吉久美子)」と「シアターコンサート」も行った。テレビにも精力的に出演し、6月24日放送のNHKプレミアム「BS日本のうた」で、都はるみと2人で〝ミニ・スペシャルコンサート〟を披露したほか、テレビ東京「夏祭りにっぽんの歌」、フジテレビ「舟木一夫はタイムマシン～いつまでも『高校三年生』～」、NHK「思い出のメロディー」、NHK「のど自慢」にも顔を出した。

歌舞伎座の建て替え工事の関係で、歌舞伎座で行っていた演目を新橋演舞場に移したこともあり、舟木の演舞場での公演に5年間のブランクが出来、２０１３（平成25）年６月に「芸能生活50周年ファイナル　花の生涯―長野主膳ひとひらの夢―」と「シアターコンサート」が開催された。この芝居は以前からプランはあったが、井伊直弼《なおすけ》役を里見浩太朗が引き受けることで実現した。２人はこれが舞台初共演になった。翌年９月の演舞場公演の芝居は「―天一坊《てんいちぼう》秘聞―八百万石に挑む男」。舟木にはこれが通算80回目の１か月座長公演。歌舞伎界の若武者・尾上松也との初対面&初共演が話題になった。舟木69歳、松也29歳。年末に70歳になる舟木は「やろうと思ってもやれる時間はもう短い。だから思いきりやるしかない。そういう時期は誰にも訪れると思いますが、僕はまだこれだけの質と量の仕事をやらせていただいている。これ以上の幸せはありません」と語っている。

　ところで、橋幸夫、舟木一夫、西郷輝彦で「御三家」、３人に三田明を加えて「四天王」または「ＢＩＧ４」、舟木、西郷、三田の３人で「ＢＩＧ３」と呼ばれた。そのＢＩＧ３のコンサート「青春歌謡　ＢＩＧ３　２０１４」が２０１４年４月４日の神奈川・川崎市教育文化会館を皮切りに、12月20、21日の大阪・新歌舞伎座まで計50か所で１００公演行われ完走した。舟木は69歳、西郷と三田は67歳。舟木は終始、お客さんへのサービス精神を忘れなかった。西郷が足を上げたり激しく踊ったりして歌った後、ハーハーという感じの西郷のところへ携帯用酸素ボンベを持っていき、西郷の口に当てながら「いいかげんにしなさいよ。孫までいるんだから」。一方で気配りも。西郷の故郷・鹿児島の宝《ほう》山《ざん》ホールで開催した際は、三田、西郷、舟木といういつもの順番を変えて、三田、舟木と続き、西郷にトリを譲った。三田の出身地である東京・八王子のオリンパスホール八王子の時は、三田がトリを務めた。実は3人のコンサートツアーは2011年以来2回目で、〝気の合う仲間たち〟を実感して再度やろうという暗黙の約束が出来ていたため、初日から息がぴったりだった。

同年6月18日、舟木は「眠らない青春／恋人形」をリリースした。「眠らない青春」（作詞・舟木一夫、作曲・川崎浩史）は1976（昭和51）年8月に発売されたアルバム「レマンのほとり」に収録されている曲。「恋人形」（作詞・舟木、作曲・山路進一）も同じころに作られたものだが、これまでシングルカットはしていなかった。1976年というと、〝寒い時代〟の足音が聞こえ始めた頃で、音楽仲間と毎晩のように遊び回っていた。「眠らない青春」はそんな遊び仲間の一人でフォークグループのリーダーだった川崎とともに「あれこれイタズラしていて出来上がった曲」（舟木）だと言う。

新曲を出す意義について当時、「自分が歌える残り時間を考えたら、新曲として今の舟木一夫に必要なのはヒットするかどうかではないんです。その曲を聴かれたお客さまが『これならステージの流れの中でちゃんと戦力になっていて、しかも他の曲にいい影響を及ぼしているな』と実感していただくものでないと意味がないんです」と語っている。

2015（平成27）年5月27日には、作詞・松井五郎、作曲・南こうせつによる13年ぶりのオリジナル曲「春はまた君を彩る／そばにいるから」がリリースされた。この曲が誕生した経緯について舟木に語ってもらった。「お千代姉さん（島倉千代子）のラストソング『からたちの小径』を担当したコロムビアのディレクターから南こうせつさんの名前が出まして、僕も告別式の時とこうせつさん自身が歌っているのを聴いていましたので、折角お千代姉さんが残してくれた縁だから、お願いしてみようということになったんです」。こうせつから最初に届いたのは「そばにいるから」だった。舟木が「さすがにこれは照れくさい」と言ったら、こうせつは「照れないでこういうのを歌ってください」と言う。しかし、やっぱり照れくさいと言うと、2か月後に新しい曲を作ってくれた。ギターで2回、こうせつが歌っているのを譜面を見ながら聴いていて即座に「これいただきます」となった。

舟木は「春はまた君を彩る」という作品の良さについて「『透明な風』の心地良さ」と表現した。「分かりやすい言葉で言うと、人への思いやりというか、人恋しいというか、突き詰めていくと『いろんなことが重なりあって、やっぱり一人では生きられなかったんだよね』というところへ辿り着く。どんどん優しくなっていくんです。今、僕が70歳、お客さまが60代、絶妙な場面だと思います。このタイミングでこういう作品に出合うのは、不思議なもので、縁とかツキがないとあり得ないんですよ。思いっきりいいタイミングで出て来たなと思っています」と話す。そして、舟木にしては珍しく

「是非ヒットさせたい」と言うので重ねて聞いてみた。「少し大げさに言えば、こういう世の中だからこそ、こういう歌がヒットしてほしいという思いを強く持っています。最近はCDがなかなか買われない時代ですが、この曲は僕らの世代に〝現在《いま》とこれから〟を感じていただける作品じゃないかと思います」。舟木はこの後、東京・日比谷野外音楽堂で行われた南こうせつの恒例ライブで52年ぶりに野音のステージに立ち、7月7日にはNHK歌謡コンサート「七夕に贈る 愛の歌物語」に出演し、こうせつのギター演奏で「春はまた君を彩る」を歌った。

巨星・船村徹の遺作の作詞は舟木一夫

また、舟木はこの年、大阪・新歌舞伎座、京都・南座、名古屋・中日劇場、東京・新橋演舞場で、「舟木一夫シアターコンサート2015―演歌の旅人―船村徹の世界」を開催した。第一部がヒットパレードで持ち歌9曲(この中に船村作曲の「夕笛」と『その人は昔』のテーマ」が含まれている)、第二部で船村作曲の「あの娘が泣いてる波止場」から「三味線マドロス」まで船村メロディー21曲を熱唱した。コンサートの前に船村について聞いた。「とにかく先生は若いころからコワモテで、注文を出すのもぶっきらぼうでしたね。それが先生のシャイなところなんですよ。『夢のハワイで盆踊り』で最初にお会いした時は40歳くらいに見えましたが、確か31歳ですからね。あの歌も船村先生のアレンジだったと思いますが、イントロや間奏を含めてのメロディーの美しさに驚きましたね」。

船村の曲と言えば、北島三郎や鳥羽一郎らの歌が浮かぶ。これはあまり知られていないが、「先生の曲が一番多いのは断トツで僕だと思います。シングル、アルバムを合わせただけでも41曲か42曲になります。その他に『その人は昔』『雪のものがたり』『日本の四季』、それにステージでやりたいとお願いして書いていただいた『北の出船』という約25分の組曲があります。この4つの組曲を合わせただけでシングルで50枚以上はいくだろうと思いますね」と教えてくれた。舟木は「北の出船」(作詞は横井弘)を1975(昭和50)年11月2日と3日の東京郵便貯金ホール、30日の大阪万博ホールで行われたコンサート「舟木一夫　詩秋」(司会・徳光和夫、ナレーション・松本典子、ゲスト・木村好夫＝ギター)で披露している。

これには理由があって、遠藤実は舟木が「高校三年生」でデビューして以来、立て続けに舟木のヒット曲を生んでいったが、舟木のデビューから約2年後に日本コロムビアを辞めて太平音響(のちにミノルフォン)に移り、船村はコロムビアに残ったため、遠藤が抜けた分、「カラスが鳴かない日があっても、船村先生がレコーディングをしない日はないと言われたぐらいの忙しさだった」(舟木)と言う。ちなみに、舟木は2014(平成26)年1月19日に東京・オリンパスホール八王子で収録されたNHKプレミアムの「昭和の歌人たち 西條八十」(3月2日放送)に出演し、船村と斉藤功のギターで「夕笛」を歌っている。船村は81歳、亡くなる3年前だった。

これについても舟木に聞いた。「お千代姉さんが亡くなってから、西條先生の詩を持ち歌で歌っているのが僕一人になったんです。（NHKから）お話しをいただいた時、僕が歌うのは『花咲く乙女たち』『夕笛』『絶唱』の3曲だった。だったら、船村先生のギターで『夕笛』を歌いたいから先生に頼んでみてよって無理を言ったんですよ。担当者からすぐ連絡が来まして、先生は二つ返事で引き受けてくださったんです」。

ところで、2015年の秋ごろ、船村から「舟木君、ちょっと手伝ってほしいことがあるから食事でもしないか」と誘われた。当時83歳の船村の要件は「最後の内弟子に大門弾《だいもんだん》という男がいる。来年デビューさせたいと考えているのだが、是非プロデュースをやってくれないか」というものだった。舟木は早速、自ら作詞した数編の作品を船村に渡した。船村はその中から「ござる〜GOZARU〜」に作曲しデビュー曲にすることにした。船村は小林旭に作った「ダイナマイトが百五十屯《トン》」にも似たアップテンポな曲調にした。大門の芸名は船村の「村」、舟木の「木」を取って「村木弾《むらきだん》」になった。

村木は2016（平成28）年2月17日にデビューした。3人とも中年だったため、舟木は〝三猿プロジェクト〟として、舟木の1か月公演の中のシアターコンサートで〝村木コーナー〟を設けて歌ってもらうなどPRに努めた。2作目は「都会のカラス」。舟木が数編を渡した中の一作で、船村はすでにメロディーを付けていた。村木は２０１７年2月13日に初めて船村から直々にレッスンを受けた。村木は「先生は鬼気迫る形相で、熱い想いが伝わってきた」と言った。船村が神奈川県藤沢市内の自宅で亡くなったのは3日後の16日午前11時ごろだった。84歳だった。「都会のカラス」は4月19日にリリースされた。

舟木は後援会の会報誌「浮舟」で、「巨星逝く」と題して「この作品が結果的に先生の『遺作』となった。〝なんと云うご縁か……〟と、鳥肌が立つほどの巡り合わせだ。先生が精魂をこめて生み出された作品は五千曲を超える。ボクがお手伝いした(出来たのか……)のはたった二曲だ。そのうちの一曲が遺作となって村木弾の新曲として世に出る。〝なんと云う……〟」と記している。船村の通夜は2月22日、東京・護国寺で行われた。参列した舟木は記者のインタビューに「やんちゃ坊主の典型のような方でした。30歳のころ、歌手を辞めて田舎に帰ろうと思って荷物をまとめていると、先生から電話がかかってきました。辞めるのは君の勝手だけど、『夕笛』は誰が歌うんだと、引き留めるどころか怒られました。その言葉で歌を歌うということは、そういう深いことで、作品を大事に歌おうと考え直し、その一点でここまでやってきました」と答えている。船村は２０１６年10月28日、文化勲章受章者に選ばれた。

２０１６年は1月17日、20日、21日に兵庫、大阪、滋賀で「新春ビッグステージ２０１６舟木一夫・

野口五郎　ザッツ流行歌！」、31日に東京・中野サンプラザホールで「新春ビッグステージ2016舟木一夫・森昌子　学園ソング決定版！」という珍しいコンサートが展開されたが、メーンは名古屋・中日劇場（5月24日）、東京・新橋演舞場（7月25日）、大阪・新歌舞伎座（10月1日）で行われた「舟木一夫コンサート　美空ひばりスペシャル―ひばりが翔んだ日々―」だった。

美空ひばりスペシャル―ひばりが翔んだ日々

舟木は公演パンフレットの中で、以下のように書いている。①ひばりさんの歌を歌うポイントは、ひばりさん特有のファルセット（裏声）の部分を、自分の地声でやったらどういう作りになるかということですね。女性の場合は、ファルセットを持っている歌い手さんならなぞってもいいけれど、男の場合はなぞれませんから。それに加えて、ひばりさんは下から上まで全体に声の太い歌い手さんですから、その辺をどう自分の個性に合わせていくのかということでしょうね。②ひばりさんはヘビーな歌い手さんだと思われているフシがあるんですが、僕の中のひばりさんはもう少し軽いんです。ライトなものを歌うひばりさんがすごく好きでした。軽いものを実に小気味よく聴かせてくれる歌い手さんなんです。今回のコンサートで「ひばりのマドロスさん」はじめマドロスものを並べたあの辺の歌とか、「車屋さん」の周辺にまとめた歌。ああいう歌はひばりさんじゃないと歌えないんです。③選曲と構成について、あの歌が入っていないということがあるかもしれませんが、僕の中のひばりさん像というのを一番大切にして選曲しました。その意味でラストブロックの「越後獅子の唄」から「人生一路」までの7、8曲が、僕がこれこそひばりさんだと一番強く思っているものです。構成面で言えば、「みだれ髪」と「悲しい酒」を他の曲とはっきり分けて置いた点ですね。

また、ひばりが「演歌の女王」と呼ばれていることについて、舟木は「ひばりさんは1949（昭和24）年、12歳の時に『河童ブギウギ』でレコードデビューして天才少女歌手と言われました。少女であろうと、戦後の若手の最初なんです。食べるものも着るものもロクにない時代にデビューしていらっしゃる。まさに大衆の中から生まれ、大衆に向かって歌い、大衆に熱狂的に迎えられた星です。『演歌の女王』と言われるのは嫌なのよっておっしゃっていましたし。庶民とか大衆に根差しているのが流行歌でしょ。ひばりさんをもっと楽に聴いてもらいたいですね」と答えている。

舟木の強い要望でひばりと2度目に会ったのは雑誌「月刊平凡」の1964（昭和39）年5月号の〝希望対談〟。対談は舟木の希望だったが、ひばりの弟・香山武彦が舟木の大ファンで、「武ちゃんが一緒のほうが舟木君も緊張しなくて話しやすいでしょう」というひばりの心遣いから、東京都世田谷区上野毛の〝ひばり御殿〟の応接間で鼎談が実現した。鼎談が始まると、ひばりからいきなり「移動中の車の中で『高校三年生』を聴いたのね。あの時、風邪ひいてたの？」。「いえ、地声ですよ」

と言うと、「あ、そう。あれが地声なの。この子可哀そうに、風邪ひいてレコーディングしたんだって思ったの」。当時の舟木の声は鼻にかかって甘いところがあったため、そう思ったようだ。

舟木が19歳か20歳のころ、仕事で移動中に東京・新宿近辺に来た時、ひばりが新宿コマ劇場に出演していることを思い出し、マネジャーに確認したうえでアポなしで3分だけ寄ってみようということになった。舟木が楽屋を訪ねると、ひばりはきつねうどんを食べている最中だったが、楽屋にはファンから届いた花の鉢植えが点々と置かれていたため、勝手に化粧前に寄せたりして、15分くらいお邪魔した。私がこの話を知って、「先輩への接し方ではないでしょう」と向けると、「先輩として大いに尊敬しているからこそなんです」と応州された。

２０１６年12月には東京・新橋演舞場で『華の天保六花撰』どうせ散るなら」を演じた。共演は里見浩太朗、笹野高史ら。舟木は「恐らく僕にとっては現役で最後の大立ち回りになるんじゃないでしょうか。手数でいうと軽く１００を超えると思いますよ。出演者にけがや事故がないよう毎朝、自宅の龍神様にお参りして出かけます」と話し、「歌と芝居が今の状態で75歳まで行けたらすごい。3年後に今の7、8割方が出来ていれば60周年が見えると思います。現状維持しかないですね。僕らの年になると、現状維持するってすごいハードルが高いことなんですよ。俺ってこんなに歌が好きだったのかって思ったのが60代半ば。50周年を挟んで丸々2年前から変わってきましたね、気持ちも。要は楽になってきたんです」と語っている。歌のステージが一段上がったのがこのころだった。

「忠臣蔵」で大役・大石内蔵助を演じる

２０１７年は芸能生活55周年。１月25日に「みんな旅人／下町どこさ」（作詞&作曲・舟木一夫）がリリースされた。これは舟木の〝寒い時代〟の１９８２（昭和57）年にリリースしたアルバム「ＷＨＩＴＥ」に収録されている曲で、舟木は「30代のころから徐々に、レコード会社が僕に作ってきた作品に対して〝今なぜ舟木一夫にこれなんだろう？〟という感じでした。世界観としてそのころの僕に寸法が合わなかったので、自分で納得して歌いたい歌があってもいいじゃないかと思って作ったのが『ＷＨＩＴＥ』で、『みんな旅人』には僕のそんな思いが反映されています」と語っている。舟木は歌詞の中でも２番の歌い出しの部分、「♪俺にあいつに勝って　あいつが誰かに負けた　どこか違う気がする　判るような気もする……」のところが特に気に入っている。

そして、２月５日にはＢＳ―ＴＢＳで２時間番組「祝デビュー55周年　舟木一夫・永遠の青春スター」の収録（17日放送）に参加した。舟木の大ファンだという俳優&タレント・片岡鶴太郎のＭＣのもと、「俳優としての舟木一夫」「お宝拝見」「ヒットメロディー」「昭和の名曲」などのコーナーが設けられ、テレビが苦手だという舟木はスタジオ収録では過去最多の18曲を歌った。「昭和の名曲」

では舟木が大好きな松島アキラの「湖愁」と仲宗根美樹の「川は流れる」を歌い、「お宝拝見」では少年時代に魅かれて買ったハリー・ベラフォンテのＬＰ、舟木が普段から身に着けているサングラスや派手な柄のＴシャツの数々などが披露された。鶴太郎からは「男の色香」と目の前で書いた色紙をプレゼントされた。

12月の東京・新橋演舞場公演は「通し狂言　忠臣蔵　花の巻（前編・昼の部）　雪の巻（後編・夜の部）」。舟木は大石内蔵助を演じた。55周年公演に相応しく、出演者は林与一（吉良上野介）、尾上松也（浅野内匠頭）、紺野美沙子（大石の妻・りく）、葉山葉子（浮橋）、長谷川稀世（戸田の局）、里見浩太朗（千坂兵部《ちさかひょうぶ》）、田村亮（上杉綱憲《つなのり》）ら〝舟木組〟も含めてフルキャストで臨んだ。舟木は大石を演じることについて、「僕の中では、ピアフの『愛の讃歌』とシナトラの『マイ・ウエイ』は本人以外は歌ってはいけない（笑）。それと同じルールで、大石はやっちゃいけない役。芝居として出来る、出来ないではなく、大石という役に畏敬の念がありましたから。それが3年前、『忠臣蔵で大石、どうですか』と担当プロデューサーに勧められて、嬉しくもあったが、丸2年迷い続け、ウーンと唸《うな》りながら決断しました。忠臣蔵をやる限りは通し狂言でないと意味がないと、僕のほうから言い出し、脚本の齋藤雅文さんに相談したら、素晴らしい台本を作ってくださった」と話している。舟木と林与一はＮＨＫ大河ドラマ「赤穂浪士」で矢頭右衛門七と堀田隼人役を演じたが、53年後には大石と吉良役を演じることになった――。

その後も順調にコンサート活動を続けていたが、２０２０年に入り1月６日に中国・武漢で原因不明の肺炎が発生し、８日にＷＨＯが新型ウイルスの可能性に言及。16日に国内で初めて感染者が確認されて以来、新型コロナ騒動に発展しエンターテインメントの業界にも激震が走ることになった。舟木も予定していたコンサートを次々に延期せざるを得なくなってしまった。再開されることになったのは同年11月2日、３日に東京メルパルクホールで開かれた後援会員向けのコンサート「風 アダルトに」(大阪は16日、大阪メルパルクホール)からだった。

〝寒い時代〟から復活して以降、約8か月もステージに立たなかったのは初めての経験だ。「この間、スタジオに月1、2回、メンバーに集まってもらって、3時間ほど歌を歌っていました。一人の時は3日に1回程度、部屋で2時間ぐらい立ったままヘッドホンでカラオケを聴きながら軽く声を出していました。でも、僕は流行歌手としては体全体を動かすタイプじゃないので、明日ステージがあると言われても大丈夫」と落ち込んだ様子は全くなかった。また、8か月の間に、後援会員には「あなたへ 一夫クン&成ちゃんより」というＤＶＤを作り配布するなどの気配りも見せた。

ところで、「忠臣蔵の大石内蔵助」という娯楽時代劇の頂点を極めてしまった後に何を演じるのかが次の課題だった。コロナ禍で２０２０年９月の予定が翌年12月まで延期になったものの、舟木が東京・新橋演舞場の舞台に乗せたのは、浅田次郎原作の「壬生義士伝」。舟木は吉村貫一郎、高橋惠子が妻・おしづを演じた。舟木は「大石までやってしまうと、中途半端なところには戻れないんですよ。思いきりふり幅の大きいところに行ったほうがいいということで、それではどんな役どころがいいのかと考えた時、やはり今までの流れとは相当違う演目でなければと思ったんです」。そして、「かつては、日本人が重んじていた〝義〟の心や、美徳とされた日本人としてのナショナリズムみたいなものが、今や危篤状態にあると、浅田先生は小説を通して警鐘を鳴らしていらっしゃるのではないかと。考え方によってはこんな世の中だから、明るい芝居のほうがいいんじゃないのという選択肢もあると思うんですが、あえてこういう題材を取り上げて家族だとか人と人との関わり合いだといった骨格の太い芝居といいますか、そういうものを今の時代にお見せ出来たらなと思っています」とも語っている。舞台は大成功だった。

同世代のお客さんとともに80歳、そして65周年

とうとう辿り着きましたという舟木の芸能生活60周年は、2022（令和4）年1月19日に東京・有楽町の東京国際フォーラム・ホールAで行われたスペシャルコンサートで幕を開けたのを皮切りに全国各地で精力的に記念コンサートを展開、どの会場も満員御礼状態だった。とりわけ、国

際フォーラムで歌った「その人は昔」は圧巻で、作詞・松山善三、作曲・船村徹による一大組曲を40分以上にわたって〝通し〟で歌い上げた。舟木は以前、ステージで「60歳ごろから、現役のうちに『その人は昔』を通しでと思ったりしたんですが、お相手の女性もいりますし、第一、私が持つのかどうか……」と話したのを受けて後日、真意を聞くと「トークで言っているだけの話であって無理ですよ」。さらに畳みかけると、「15、6分のものなら何とかなるかもしれないけれど、組曲全体をやるとなると難しいでしょう」と極めて後ろ向きだった。その〝夢〟をなんと77歳で実現させてしまったのだ。60周年記念として5枚組のCDに加え、60年に相応しい出版物として写真集「60ｔｈ／77ａｇｅ」も発売された。舟木によると、77歳の誕生日を迎えた2021年12月12日から2022年2、3月までに撮影したものだという。77歳で写真集を出す人はあまりいない。60周年記念コンサートツアーは11月15、16日、東京・中野サンプラザホールで行ったファイナルコンサートで、全国27か所で30公演行ってきた2022年のツアーを締めくくった。

そして、舟木は18日にはテレビ朝日の「徹子の部屋」に出演。15回目の出演だったが、2月20日に前立腺がんのため75歳で亡くなった盟友・輝さんこと西郷輝彦の話題が中心になった。舟木によると、若いころは忙しすぎて個人的な付き合いはなかったが、50代くらいから仕事で一緒になる機会が増え電話もするようになった。輝さんの体が病んでいることは細部まで話してくれた。ある時、輝さんから「55周年のコンサートをやりたい」と言ってきた。是非手伝いたいと思い2人で話を進めたが、新型コロナ禍で1回飛んだ。次の年に中野サンプラザで開くスケジュールを取った。そのころにはすでに体がきつかったようで、「2部構成にして、俺がつなぎで顔を出すから何とかやろう」という話をして準備を進めたものの、会場が空いている日と彼の体調を合わせることが出来なかった。2019年12月に初めて2人で東京・赤坂の中華料理店で語り合った。半年後に電話したら「今、治療のためにオーストラリアにいる。8月半ばには帰れる」とのことだったが、10月になっても連絡はなかった。状況がいいとは考えられなかった。輝さんの訃報は事務所から出先で知らされた。四十九日の法要が終った後、奥さんに電話して輝さんの自宅で彼に会った。とってもいい顔をして笑っている写真だった。帰りがけに奥さんから輝さんが使っていたタイピンを渡された。輝さんにコンサートをさせたかったとつくづく思う。「彼が悔しかった分、俺が頑張ろうという感じになっている」とも話した。

舟木は40周年に「浮世まかせ」（作詞&作曲・上田成幸）を書き下ろして以来、〝周年曲〟と呼ぶものは出していない。60周年の年も松島アキラが1961（昭和36）年にリリースした「湖愁」をカバーする形で12月7日に「湖愁／浮世まかせ（60周年ライブバージョン）」をリリースした。舟木は「湖愁」を出すにあたって松島に直接電話して、「先輩がOKしてくださったら歌いたいんです」と願い出た。コロムビアもビクターに〝仁義〟を切った。今回は〝舟木一夫の「湖愁」〟にするためにアレンジを変えて臨んだ。舟木はステージでたびたび「『湖愁』は『高校三年生』までの道筋を作ってくれた曲で、ある意味『高校三年生』より大切な歌。これを歌うと17歳の少年に戻るというか、気持ちが落ち着く」と語っている。この曲はリリース以降、19日付オリコン週間演歌・歌謡シングルランキングに初登場2位、26日ランキングでも2位をキープ、3週目の2023年1月2日付で1位を記録。78歳の舟木にとって60年にして初の快挙となった。

年末には面白い試みに挑戦した。12月10日に東京・新橋演舞場でスタートした10日間に330曲前後歌う60周年記念ロングコンサートだ。この間、3日ごとに曲目を変えた全4プログラムを行おうというもので、舟木は記者会見で、「僕が言い出しました。同じものを10日間やるよりも、あえて負荷をかけて頑張ってみようかなと。やってやろうという気概があります。これまでやってきた中で最悪、最長です（笑）」と〝過酷な〟コンサートに臨む決意を語った。そして、「60年が長かったか、短かったかとよく聞かれますが、昭和の歌い手が、昭和の歌を、昭和に生まれたお客さんに届けるのが一番幸せです。同世代のお客さんと一緒に歩いてきて、行きつくところまで来ました。こういう生き方をしているジイさんがいるということを見てくれればいいんじゃないですか」とも話した。

2023年のコンサートツアーは2月16日、埼玉・大宮ソニックシティ大ホールからスタートした。舟木のコンサートには年間を通してツアーの形で歌う「通常コンサート」のほか、大劇場で歌う「シアターコンサート」、後援会員のために歌う「ふれんどコンサート」「風 アダルトに」「ラヴリーコンサート」、誕生日に歌う「バースデーディナーショー」などがあり、大宮は毎年、通常コンサートのスタート地点になっている。曲目はツアー途中で若干調整するため28曲前後。真ん中あたりには客席のお客さん全員が立ちあがって、舟木の「銭形平次」に合わせて両手を大きく上げて手拍子をするスタンディング・タイムがある。舟木はお客さんの〝トイレ・タイム〟とも呼んでいる。2023年のオープニングは「友を送る歌」、アンコール(=ラスト)は「湖愁」になっている。

4月25日には「さよならサンプラザ」が行われた。東京・中野サンプラザが老朽化のため7月に閉館されることになったため、舟木にとってラストコンサートになった。舟木がここで初めてコンサートを行ったのは1991(平成3)年12月5日の「プレ30周年コンサート」で、〝寒い時代〟から抜け出すきっかけになったコンサートでもある。以来、毎年、通常コンサートを締めくくるファイナルコンサートを開いてきた。「さよならサンプラザ」のコンサートは2部構成。1部は「輝さんのおもかげ」と題して、西郷輝彦の若いころの10曲を歌った。西郷は舟木に友情出演してもらってここで芸能生活55周年記念コンサートを行う予定だったが、実現しないまま帰らぬ人になった。オープニングで西郷のデビュー曲「君だけを」を歌い終えると、舟木は客席に向かって「なんで輝さんの歌を並べたかと言うと、彼がこのサンプラザの舞台に本当に立ちたがっていた。そんな彼のことを考え、是非、彼の持ち歌でやりたかった」と語った。終演後、スポーツ紙の取材に対して、「当初は気持ちが追いつかなくて心が揺れていましたが、2月に一周忌を迎え、偲《しの》ぶ会を終えたことで、最後のサンプラザで、今なら整理がつけられるのではと思い、楽曲を猛練習して本番に臨みました」と答えている。

舟木はその後も、目の前に見えてきた「80歳」、そして、可能性が出てきた「65周年」に向けて、同世代のお客さまとともに、精力的にコンサート活動を続けている——。

あとがき

舟木一夫さんには、数えきれないほどの取材やインタビューを受けていただいた。30年以上のお付き合いになるが、ステージ上はもとより、目の前で話していても変わらない。78歳。とにかく、若い。はいているジーンズや着ているTシャツの奇抜な柄が、そう見させているのではない。芸能生活60年を経て、あらゆるものを乗り越え、精神的にも若返っている感じなのだ。今回のインタビューでは、舟木さんのほうから「吹っ切れている」という言葉が飛び出した。歌謡曲専門の月刊誌には「61年目　奇跡の歌声！」の見出しが躍った。もはや迷いもなく、当面の目標80歳に向けて、今が一番充実しているのではないか。

ところで、「舟木一夫の青春賛歌」を上梓して以後、舟木さんだけでなく、私にとっても大切な方々が亡くなられた。

一人は舟木さんがデビュー前から二人三脚で闘ってきた元日本コロムビアのディレクター・栗山章さん。今日の舟木さんの礎《いしずえ》を築いた方と言ってもいい。コロムビアを離れた後は舟木さんに関する発言は一切されなかったが、私が前著をまとめるにあたっては最も尽力していただいた方だった。しかし、亡くなられ方があまりにも寂しすぎた。日本での仕事場にしておられた都内のマンションの一室で「2013年6月10日ごろに病死」しているのを1週間以上も発見されなかった。享年78。栗山さんの側近だった方から訃報の手紙をいただいたのは12月中旬だった。

二人目はアイエスの社長だった伊藤喜久雄さん。舟木さんが〝寒い時代〟から復活するきっ掛けを作られた方だ。私も30年以上付き合っていただいた。仕事には実に厳しい方で〝営業の鬼〟とか〝四谷の鬼〟と言われていたが、私には常に物腰の柔らかい紳士だった。最後の会話は新型コロナ禍前、私のような業界音痴の者にも「大倉さん、今一番気になっている歌手は誰ですか?」と気さくに声をかけてくれた。常に他人の意見に耳を傾けて、魅力ある歌手を発掘し続けておられた。亡くなったのは2021年5月29日、享年87。「コロナが収まったらまた食事をしましょう」という約束が果たせなかった。無念でならない。

三人目は舟木さんの後援会を50年以上切り盛りしてきた藤谷和子さん。若いころ、夫を事故で亡くした時、「高校三年生」に励まされて後援会の仕事を手伝うようになり、舟木さんの〝寒い時代〟にも後援会を守り続けてきた。それだけに、舟木さんの復活を誰よりも喜ばれたんじゃないだろうか。復活後の舟木さんの1か月公演では、自ら食事を作って楽屋に運んでいる姿も見てきた。奥様に代わって支えてきた〝劇場での妻〟だった。亡くなったのを知ったのは、舟木さんからの電話連絡だった。おかげで葬儀にも参列することが出来た。2013年9月10日、享年77。

四人目は「高校三年生」などの作詞家・丘灯至夫氏の妻・ノブヨさん。ご自宅にお邪魔する時はいつも、夫人運転の車で最寄り駅までの送り迎えをしていただいた。思い出深いのは、毎年11月に都内のホテルで開かれていた「丘灯至夫作品を歌う会」。舟木さんが参加されたこともあった。舟木さんを慕う歌手の村木弾さんも何回か顔を出していた。会の終わりには参加者全員が輪になって回りながら「高校三年生」を合唱した。夫人から見た夫の本を作ろうと連絡を取り合っていたが実現しなかった。2021年5月5日、享年88。

この本は、そんな皆さまへの感謝の気持ちも込めて執筆しました。また、この本を編むにあたっては、お忙しい中、インタビューに応じていただいた舟木さんはもとより、舟木さんのコンサート活動を応援しているアイエス社長の名倉正典さん、同社の後藤大介さん、内藤佑太さん、日本コロムビアの高橋正人さん、産経新聞出版社長の赤堀正卓さん、校閲の伊澤宏樹さん、ユリデザインの中尾香さんほかの皆さまにも大変お世話になりました。この場をお借りして御礼申し上げます。

2023年11月

大倉　明

■参考文献(50音順)

▼愛知県高等学校郷土史研究会『愛知県の歴史散歩(上・下巻)』山川出版社
▼阿久悠『愛すべき名歌たち　私的歌謡曲史』岩波書店(岩波新書)
▼阿久悠『歌謡曲って何だろう(NHK人間講座)』日本放送出版協会
▼飯塚恆夫『ニッポンのうた漂流記　ロカビリーから美空ひばりまで』河出書房新社
▼伊藤強『それはリンゴの唄から始まった　戦後世代の芸能史』駸々堂出版社
▼泉麻人『僕の昭和歌謡曲史』講談社
▼板持隆『日活映画 興亡の80年』日本映画テレビプロデューサー協会
▼五木寛之『わが人生の歌がたり　昭和の青春』角川書店
▼伊藤正憲『レコードと共に四十五年　私のアルバム』日本クラウン(非売品)
▼井上達彦『新宿ＡＣＢ　60年代ジャズ喫茶のヒーローたち』講談社
▼内館牧子『おしゃれに。男』潮出版社
▼恵志泰成『月がとっても青いから　菅原都々子の歌と人生』にじゅうに
▼ＮＨＫ放送文化研究所『放送の20世紀』日本放送出版協会
▼遠藤実『涙の川を渉るとき　遠藤実自伝』日本経済新聞出版
▼大江賢次『絶唱』講談社
▼岡田喜一郎『昭和歌謡映画館　ひばり、裕次郎とその時代』中央公論社(中公新書ラクレ)
▼丘灯至夫『「スズメのお宿」歳時記　丘灯至夫92歩の足跡』

▼金子勇『吉田正　誰よりも君を愛す（ミネルヴァ日本評伝選）』ミネルヴァ書房
▼金子修介『失われた歌謡曲』小学館
▼菊池清麿『日本流行歌変遷史　歌謡曲の誕生からJ・ポップの時代へ』論創社
▼菊池清麿『評伝・古賀政男　青春よ永遠に』アテネ書房
▼キネマ旬報映画総合研究所『キネ旬総研白書　映画ビジネスデータブック』キネマ旬報社
▼倉本聰『愚者の旅　わがドラマ放浪』理論社
▼現代企業研究会『日活』現代企業研究会
▼合田道人『［怪物番組］紅白歌合戦の真実』幻冬舎
▼高護『歌謡曲　時代を彩った歌たち』岩波書店（岩波新書）
▼国際劇場宣伝部『舟木一夫ショー』（昭和39年3月1日発行）ほか各劇場パンフレット
▼後藤雅洋『ジャズ喫茶リアル・ヒストリー』河出書房新社
▼古茂田信男・矢沢保・島田芳文・横沢千秋『日本流行歌史／戦後編』社会思想社
▼斎藤明美『家の履歴書　文化人・芸術家篇』キネマ旬報社
▼斎藤茂『歌謡曲だよ！　人生は』マガジンハウス
▼阪本博志『「平凡」の時代　１９５０年代の大衆娯楽雑誌と若者たち』昭和堂
▼志賀信夫『テレビ番組事始　創生記のテレビ番組25年史』日本放送出版協会
▼鈴木嘉一『大河ドラマの50年　放送文化の中の歴史ドラマ』中央公論新社
▼ステラ臨時増刊『紅白50回　栄光と感動の全記録』ＮＨＫサービスセンター
▼関川夏央『昭和が明るかった頃』文藝春秋

▼立石一夫『「雪の渡り鳥」むかし長谷川。いま、舟木』鶴書院
▼玉置宏『玉置宏の昔の話で、ございます』小学館
▼筒井清忠『西條八十』中央公論新社
▼筒井清忠『西條八十と昭和の時代』ウェッジ
▼テリー伊藤『歌謡Gメン　あのヒット曲の舞台はここだ!』宝島社
▼永倉万治『新・昭和30年代通信』小学館
▼なかにし礼『世界は俺が回してる』角川書店
▼西河克己・権藤晋『西河克己映画修業』ワイズ出版
▼ながやす巧『日本漫画家大全　ながやす巧「その人は昔」』双葉社
▼野沢一馬『日活1954~1971　映像を創造する侍たち』ワイズ出版
▼萩原町史編纂委員会『一宮市萩原町史』萩原町史編纂委員会
▼橋本治『恋の花詞集　歌謡曲が輝いていた時』音楽之友社
▼林真理子『踊って歌って大合戦』文藝春秋(文春文庫)
▼ビリー諸川『昭和浪漫ロカビリー』小学館
▼藤井淑禎『御三家歌謡映画の黄金時代』平凡社(平凡社新書)
▼藤井淑禎『純愛の精神誌　昭和三十年代の青春を読む』新潮社(新潮選書)
▼舟木一夫『怪傑!!高校三年生』近代映画社
▼舟木一夫『風来坊』マガジンハウス
▼舟木一夫『酔って、Singer　青春病大さわぎ』青山書房

▼舟木一夫音楽事務所『Papyrus』舟木一夫音楽事務所
▼舟木一夫後援会会報『浮舟』（創刊号ほか）舟木一夫後援会
▼船村徹『歌は心でうたうもの　船村徹・私の履歴書』日本経済新聞出版
▼堀威夫『いつだって青春　ホリプロとともに30年』東洋経済新報社
▼マガジンハウス編『写真集　舟木一夫　芸能生活40周年記念』マガジンハウス
▼マガジンランド編『舟木一夫　瞬・華・愁・透』マガジンランド
▼松坂比呂『ジャズ批評13号』ジャズ批評社
▼マルベル堂監修『舟木一夫　あゝ青春のプロマイド　505枚完全掲載』徳間書店
▼マルベル堂編『マルベル堂のプロマイド』ネスコ／文藝春秋
▼宮崎駿・丹羽圭子『脚本コクリコ坂から』角川書店
▼吉川潮『流行歌　西條八十物語』新潮社
▼読売新聞文化部『この歌この歌手　運命のドラマ120（上・下）』社会思想社（現代教養文庫）
▼渡部清『「新宿コマ」　座長たちの舞台裏』講談社
▼『歌手生活15周年記念　限りない青春の季節　舟木一夫大全集』（昭和52年6月発日本コロムビア）
▼『週刊女性自身』（昭和49年1月12・19日合併号ほか）光文社
▼『週刊平凡』（昭和39年3月12日号ほか）平凡出版
▼『微笑』（昭和47年5月27日号）祥伝社
▼『別冊近代映画』近代映画社（昭和38年11月1日発行号ほか）近代映画社

舟木一夫・芸能生活の歩み

昭和19（1944）年

12月12日　愛知県一宮市萩原町で上田栄吉、昌子の長男として誕生。成幸（しげゆき）と命名。

昭和26（1951）年

4月1日　一宮市立萩原小学校に入学。2年生から6年生までの間に母親が9人変わり、4回転校した。

昭和31（1956）年

7月15日　父・栄吉が9番目の女性・節と再婚。

昭和32（1957）年

4月1日　一宮市立萩原中学校に入学。音楽部でハーモニカバンドを結成。この年、弟・幸正が誕生。

昭和34（1959）年

4月　中学3年生からNHK名古屋放送局の常任指揮者・山田昌宏に歌唱レッスンを受ける。

昭和35（1960）年

4月1日　学校法人愛知学院愛知高校に入学。山田のレッスンを週2日に増やす。

昭和37（1962）年

2月　高校2年生の時、CBC（中部日本放送）の人気のど自慢番組「歌のチャンピオン」に出場して優勝。

3月　名古屋のジャズ喫茶の松島アキラショーで「湖愁」を歌い、『週刊明星』記者・恒村嗣郎から堀プロ（のちホリプロ）社長・堀威夫に紹介される。

4月　堀威夫に「湖愁」を録音したテープを送る。その後、名古屋で堀と初対面。

4月29日　堀と具体的な話し合いのため父親と上京。堀プロマネジャーの阿部勇と会う。

5月14日　再上京。新宿区若葉の青葉荘で阿部と同居。目黒区の自由ヶ丘学園高校に編入。

6月　杉並区西荻窪で毎週土曜日、作曲家・遠藤実のレッスンを受け始める。

昭和38（1963）年

1月14日　日本コロムビアのディレクター・栗山章から「高校三年生」の歌詞を見せられる。

2月　栗山らと遠藤実に曲の依頼に行く。遠藤が芸名を「舟木一夫」と命名。

2月3日　コロムビアのスタジオで「高校三年生」のレコーディング。

3月　コロムビアの編成会議で「高校三年生」の6月発売が決定。

5月20日　日本テレビ「コロムビア花のステージ」に初出演（録画）。放映は6月。

5月23日　フジテレビ「歌の饗宴」でテレビ初登場（生放送）。

6月5日　デビュー曲「高校三年生／水色のひと」が発売。

6月9日　TBSテレビ「ロッテ歌のアルバム」に初出演。

6月23日　「コロムビア歌謡大行進」に出演のため広島・福岡方面をめぐり、その時、初めて飛行機に乗る。

9月　日本テレビ「今晩は裕次郎です」にゲスト出演。

9月　大映が「高校三年生」の映画化を決定。

9月　日活が「学園広場」の映画化を決定。

9月17日　映画『高校三年生』のロケが故郷・一宮市で始まる。

10月　TBSラジオ「夢の青春コンビショー」に本間千代子とレギュラー出演。

10月22日　NHK「ジェスチャー」に初出演。

10月27日　一宮市で「舟木一夫後援会発会式ならびに記念演奏会」を開催。守屋浩、コロムビア・ローズ、高石かつ枝らが友情出演。歌舞伎俳優・岩井半四郎（10代目）が祝いの「黒田節」を踊る。

11月16日　大映映画『高校三年生』公開。

12月5日　東京・新宿コマ劇場公演「ホリプロダクション青春スターパレード〝花咲く学園〟」に「ラグビー部員」役で出演（27日まで）。

12月6日　日本テレビで正月番組の収録中に、第5回・日本レコード大賞・新人賞受賞を知らされる。

12月9日　NHK大河ドラマ「赤穂浪士」への出演（「矢頭右衛門七」役）が決定。

12月11日　日活映画『学園広場』公開。

12月12日　東京・四谷の銭湯「梅の湯」で19歳のバースデー・パーティーを開催。

12月27日　東京・日比谷公会堂で日本レコード大賞・新人賞受賞式に出席。

12月29日　東京・厚生年金ホールで「コロムビア歌謡大行進」に出演。

12月31日　「第14回・NHK紅白歌合戦」に初出場、「高校三年生」を歌う。

昭和39（1964）年

1月7日　NHK「ジェスチャー」に2度目の出演。「松竹梅」の出題に大弱り。
1月15日　東京・日比谷公会堂で「舟木一夫リサイタル」を開催。
2月8日　東京・日比谷公会堂で「舟木一夫後援会」発足式兼歌の発表会を開催。後援会員が約3万人に達する。
2月10日　東京ヒルトンホテルでコロムビアヒット賞授賞式に出席。舟木は、特別賞「高校三年生」、新人賞「学園広場」、ヒット賞「修学旅行」の3部門を受賞。
2月23日　NHK大河ドラマ「赤穂浪士」で「右衛門七」役の舟木が初登場（視聴率50・5％）。
3月1日　東京・浅草の国際劇場（浅草国際）で初の「舟木一夫ショー」を開催（8日まで）。初日に一宮からファンが後援会列車「舟木一夫号」で上京。特別出演・本間千代子、司会・玉置宏。
3月14日　日活映画『仲間たち』公開。
3月15日　初の地方巡業で京都から北陸へ（18日まで）。
3月17日　第1回・雑誌芸能記者会賞（ゴールデン・アロー賞）で新人賞を受賞。
4月26日　大阪・千日前の大阪劇場に出演（5月2日まで）。
5月　ディレクター・栗山とともに東京・成城に住む詩人・西條八十の自宅を訪問し挨拶。
6月8日　東京・ホテルニュージャパンで、ホリプロから独立し第一共栄への移籍を発表。
6月20日　東映映画『夢のハワイで盆踊り』のハワイ・ロケへ出発。
8月1日　名古屋・御園座初公演「舟木一夫ショー」を開催（4日まで）。
8月1日　東映映画『夢のハワイで盆踊り』公開。
8月14日　NHK大河ドラマ「赤穂浪士」の討入りシーンを撮影（翌15日も）。
8月15日　舟木一夫の後援会誌『浮舟』創刊号が発刊される。
8月22日　大映映画『続・高校三年生』公開。
8月31日　フジテレビ「ミュージックフェア」の第1回放送にゲスト出演。司会は越路吹雪。
9月9日　日活映画『あゝ青春の胸の血は』公開。
9月17日　東京・日本劇場（日劇）初公演「舟木一夫ショー」を開催（23日まで）。日劇の観客動員の新記録を達成。
12月31日　「第15回・NHK紅白歌合戦」に出場、「右衛門七討入り」を歌う。

昭和40（1965）年

1月　日活映画『花咲く乙女たち』のロケを故郷・一宮市などで行う。

1月15日　NHK「青年の主張」で「成人のブルース」を歌う。

1月20日　東京・日劇公演「舟木一夫ショー」を開催（25日まで）。

1月24日　日活映画『花咲く乙女たち』公開。

3月20日　日活映画『北国の街』公開。

4月28日　東京・浅草国際公演「舟木一夫ショー」を開催（5月5日まで）。

5月8日　両親ら故郷の家族と一緒に住むため、東京都世田谷区代沢の元大学教授宅を購入。

7月5日　福島県小野町の小野町劇場で、作詞家・丘灯至夫のリサイタルに出演。

7月20日　地方巡業先の盛岡から仙台に向かう列車の中で倒れ、東京・板橋の日大病院に入院。

9月18日　日活映画『東京は恋する』公開。

10月31日　東京・浅草国際公演「舟木一夫ショー」を開催（11月7日まで）。ゲストは西尾三枝子。

12月4日　雑誌『週刊平凡』12月号で橋幸夫、西郷輝彦と〝御三家〟が初顔合わせ。

12月4日　日活映画『高原のお嬢さん』公開。

12月31日　「第16回・NHK紅白歌合戦」に出場、「高原のお嬢さん」を歌う。

昭和41（1966）年

1月17日　日本テレビの連続ドラマ「山のかなたに」に出演（4月11日まで放送）。

1月30日　TBSテレビ「ロッテ歌のアルバム400回記念」に出演し、テレビでは初めて〝御三家〟が勢ぞろいする。

3月22日　NHK大河ドラマ「源義経」に「平敦盛」役で出演。

3月27日　日活映画『哀愁の夜』公開。

4月19日　フジテレビ「銭形平次」にゲスト出演（第3話「謎の夫婦雛」秋月新太郎役）。

4月27日　大阪・梅田コマ劇場公演「舟木一夫ショー」を開催（5月1日まで）。共演は山内賢、西尾三枝子ほか。

5月3日　東京・浅草国際公演「舟木一夫ショー」を開催（9日まで）。共演は和泉雅子ほか。

6月4日　東京ヒルトンホテル「紅真珠の間」でデビュー満3周年記念パーティーを開催。

6月25日　日活映画『友を送る歌』公開。

7月1日　東京・サンケイホールで「デビュー3周年記念リサイタル」を開催（3日まで）。
8月15日　日本テレビで「雨の中に消えて」が始まる。
9月17日　日活映画『絶唱』公開。
10月1日　大阪・新歌舞伎座初座長公演「雨月道成寺」「若君風流」を開催（28日まで）。共演は葉山葉子ほか。
12月11日　東京ヒルトンホテルで22歳のバースデー・パーティーを開催。後援会員2000人を招待。
12月31日　「絶唱」で第8回・日本レコード大賞・最優秀歌唱賞を受賞。
12月31日　「第17回・NHK紅白歌合戦」に出場、「絶唱」を歌う。

昭和42（1967）年

1月1日　休暇でハワイ・ホノルルへ。
1月3日　日活映画『北国の旅情』公開。
1月15日　ハワイで急性肺炎。帰国後、東京・板橋の日大病院に入院（21日に退院）。
1月26日　京都・南座公演「日本レコード大賞・最優秀歌唱賞受賞記念公演」を開催（30日まで）。
2月13日　日本テレビの連続ドラマ「あいつと私」に出演（7月3日まで放送）。
4月4日　東京・明治座初公演「維新の若人」「春高楼の花の宴」を開催（30日まで）。出演は光本幸子ほか。
4月20日　東映映画『一心太助　江戸っ子祭り』公開。
6月14日　名古屋御園座公演「春高楼の花の宴」「ヒットパレード」を開催（25日まで）。
7月1日　東宝映画『その人は昔』公開。
7月7日　東京・サンケイホールでメモリアルコンサート「その人は昔」を開催（9日まで）。
9月23日　日活映画『夕笛』公開。
9月25日　大阪・フェスティバルホールで労音公演「その人は昔」を開催（28日まで）。
11月3日　日活映画『君は恋人』公開（浜田光夫の復帰作。舟木は友情出演）。
12月3日　東京ヒルトンホテルで23歳の誕生日パーティーを開催。
12月26日　東宝映画『君に幸福を　センチメンタル・ボーイ』公開。
12月31日　「第18回・NHK紅白歌合戦」に出場、「夕笛」を歌う。

昭和43（1968）年

1月2日　大阪・梅田コマ劇場公演「センチメンタル・ボーイ」を開催（28日まで）。出演は大原ますみほか。
1月3日　日活映画『花の恋人たち』公開（舟木は特別出演）。

2月21日　東京ヒルトンホテルで「舟木一夫音楽事務所」を5月1日に設立すると発表。
3月30日　日活映画『残雪』公開。
5月5日　東京・サンケイホールで「ファミリー・ショー」を開催。
5月19日　TBS東芝日曜劇場「川止め」に出演。共演は姿三千子、伊志井寛ほか。
7月4日　東京・明治座公演「オレは坊っちゃん」「喧嘩鳶―野狐三次」を開催（31日まで）。
7月13日　東京・浅草国際で「島倉千代子ワンマンショー」で、舟木が作詞の「慕情はかなく」（ペンネーム・高峰雄作）をプレゼント。
8月9日　名古屋・御園座公演「オレは坊っちゃん」を開催（20日まで）。
10月3日　日本テレビの連続ドラマ「泥棒育ち・ドロボーイ」に出演（12月26日まで放送）。
10月4日　東京・サンケイホールから「デビュー5周年記念・全国縦断リサイタル」を開催（11月11日まで）。
12月10日　日活映画『青春の鐘』公開。
12月12日　東京ヒルトンホテル「真珠の間」で24歳の誕生日パーティーを開催。
12月31日　「第19回・NHK紅白歌合戦」に出場、「喧嘩鳶」を歌う。

昭和44（1969）年

1月　東京都世田谷区祖師谷に家を新築（160坪の土地に10室の2階建て）。
1月12日　大阪・厚生年金ホールで民音主催の「舟木一夫ワンマンショー」を開催（19日まで）。
2月21日　松竹映画『永訣（わかれ）』公開。
4月13日　京都・南座公演「京の恋唄」を開催（16日まで）。共演は大原麗子ら。
4月27日　東京・サンケイホールで「ブルースの夕べ」を開催。ディック・ミネ、淡谷のり子が特別出演。
7月4日　東京・明治座公演「新納鶴千代」「与次郎の青春」を開催（31日まで）。
8月1日　玉置宏と欧州旅行（12日まで）。
11月1日　東京・サンケイホールで「舟木一夫とあなた」を開催（3日まで）。
11月15日　大阪・厚生年金会館大ホールで「舟木一夫とあなた」を開催。
12月12日　東京プリンスホテルのマグノリアホールで25歳の誕生日パーティーを開催。
12月17日　松竹映画『いつか来るさよなら』公開。

12月31日 「第20回・NHK紅白歌合戦」に出場、「夕映えのふたり」を歌う。

昭和45(1970)年

1月7日 フジテレビ「銭形平次」に出演(第192話「春の風来坊」半次郎役)。
2月2日 東京・蔵前国技館で第47代横綱・柏戸の断髪式に出席。
3月16日 NET(現・テレビ朝日)「剣豪・若くて強くてイカス奴」に「宮本浩酒之助」役で出演。
3月18日 松竹映画『東京⇔パリ・青春の条件』公開(橋幸夫のデビュー10周年記念映画)。
4月18日 大阪・新歌舞伎座公演「絢爛花の宴」「青春の譜」を開催(26日まで)。
5月9日 大阪万博で「全国ヤング歌謡フェスティバル」に出場。
8月1日 東京・明治座公演「新吾十番勝負」「日本の旋律・荒城の月」を開催(28日まで)。
10月21日 フジテレビ「銭形平次」に出演(第233話「恋文悲願」倉田仙三郎役)。
11月22日 東京・サンケイホールでリサイタル「舟木一夫の世界・竹久夢二の郷愁」を開催。
12月4日 名古屋・御園座公演「チョンマゲ爽風記」を開催(10日まで)。共演は榊原るみら。
12月12日 大阪・サンケイホールでリサイタル「舟木一夫の世界・竹久夢二の郷愁」を開催。
12月31日 「第21回・NHK紅白歌合戦」に出場、「紫のひと」を歌う。

昭和46(1971)年

1月10日 TBSテレビ「恋愛術入門」に出演(第12話「イチ・タス・イチは?」、共演は大原麗子ほか)。
5月15日 東京・サンケイホールでリサイタル「舟木一夫&サンケイ」を開催。
6月20日 大阪・サンケイホールでリサイタル「舟木一夫&サンケイ」を開催。
7月8日 NHK大河ドラマ「春の坂道」に「徳川忠長」役で出演。
7月14日 フジテレビ「銭形平次」に出演(第271話「虚無僧絵図」小弥太役)。
8月1日 東京・明治座公演「忠臣蔵異聞・薄桜記」「新吾十番勝負—完結篇—」を開催(28日まで)。
10月24日 東京・サンケイホールでリサイタル「ふたつの秋」を開催。山内賢が出演。
12月31日 「第22回・NHK紅白歌合戦」に出場、「初恋」を歌う。

昭和47（1972）年

1月8日　東京・浅草国際で「舟木一夫・芸能活動10周年記念特別公演」を開催。
1月15日　大阪・サンケイホールで「成人の日リサイタル」を開催。
3月26日　フジテレビ「オールスター夢の球宴」に出演するため神宮球場に向かう途中、胃痛を訴え慶応病院に入院。過労と胆嚢炎の診断（31日退院）。
4月7日　「これから死ぬ」と電話して東京・渋谷区内の旅館で自殺未遂。
4月26日　名古屋・名鉄ホール公演「愛と死をみつめて」を開催（5月4日まで）。出演は尾崎奈々ほか。
6月13日　東京・日本橋三越で「芸能活動10周年記念写真展＝撮影・篠山紀信」を開催（18日まで）。
7月2日　フジテレビ「銭形平次」に出演（第323話「その名は呼べない」美代吉役）。
8月1日　東京・明治座公演「大岡政談・魔像」「あの海の果て」を開催（28日まで）。共演は光本幸子ほか。
9月15日　大阪・サンケイホールで「芸能活動10周年記念リサイタル」を開催。
11月4日　東京郵便貯金ホールで「芸能活動10周年記念リサイタル」を開催。
12月1日　大阪・新歌舞伎座で芸能活動10周年記念特別公演「浪士外伝・江戸の淡雪」を開催。
12月31日　「第23回・NHK紅白歌合戦」に落選。

昭和48（1973）年

2月3日　東京・東横劇場公演「愛する時も死する時も」を開催（22日まで）。共演は美輪明宏、山内賢ほか。
5月　急性胆嚢炎で慶応病院に入院（6月12日に退院）。
6月24日　大阪・サンケイホールで「舟木一夫フィーリングコンサート」を開催。
7月7日　東京・ホテルオークラで結婚を発表。
7月19日　名古屋・御園座公演「情熱のビッグ・オン・ステージ」を開催（23日まで）。
8月1日　東京・明治座公演「沖田総司」「われ永久（とこしえ）に緑なる」を開催（28日まで）。
10月29日　京都市内のホテルの浴室で自殺未遂しているのを付き人が発見。
10月30日　大阪・新歌舞伎座が12月の公演の中止を決定。

昭和49（1974）年

4月29日　東京・TSK・CCCターミナルで作家・山岡壮八夫妻の媒酌により松沢紀子と挙式。
7月11日　NHKが「思い出のメロディー」で舟木〝復帰〟を発表。
7月27日　NHK「思い出のメロディー」の収録（8月3日に放送）。
8月11日　東京・豊島公会堂で後援会員のためのコンサートを開催。
10月　TBS「ふたりぼっち」に「脳外科医」役で出演。
11月2日　東京郵便貯金ホールで「舟木一夫コンサート74」を開催。
12月15日　京都会館で「舟木一夫コンサート74」を開催。

昭和50（1975）年

1月22日　東京・日劇新春公演「75　舟木一夫」を開催（28日まで）。なべおさみがゲスト出演。
2月5日　後援会員約200人とハワイ・バカンスツアー（11日まで）。
4月18日　東京・ホテルニューオータニでディナーショー「舟木一夫映画音楽を唄う」を開催。
4月27日　大阪・新歌舞伎座公演「舟木一夫リサイタル」を開催。
8月2日　東京・読売ホールで「舟木一夫コンサート75　今までの僕・これからの僕」を開催。

11月2日　東京郵便貯金ホールでリサイタル「舟木一夫・詩秋」を開催（3日も）。作曲・船村徹、作詞・横井弘による組曲「北の出船」を歌う。
11月16日　NHK「ビッグショー〝愛の絶唱〟」に出演。
11月30日　大阪万博ホールでリサイタル「舟木一夫・詩秋」を開催。組曲「北の出船」を歌唱。
12月19日　東京・渋谷エピキュラスでディナーショー「エピキュラスの舟木一夫」を開催。

昭和51（1976）年

4月17日　大阪・新歌舞伎座公演「さくら仁義」などを開催（25日まで）。共演は葉山葉子、なべおさみなど。
8月8日　大阪・御堂会館で後援会員のための「ふれんどコンサート」を開催。
8月14日　東京・イイノホールでも「ふれんどコンサート」を開催。
11月2日　東京郵便貯金ホールでリサイタル「舟木一夫 秋に謳う」を開催。
12月13日　東京・渋谷エピキュラスでディナーショー「エピキュラスの舟木一夫」を開催。

昭和52（1977）年

4月22日 大阪・御堂会館で「ふれんどコンサート」を開催。
7月2日 東京・日劇特別公演「怪傑!!児雷也」を開催（26日まで）。演出は映画監督・岡本喜八。共演は真木洋子ら。
7月10日 父・栄吉が消化管出血のため、東京慈恵医大病院で死去（63歳）。
7月20日 東京・イイノホールで「ふれんどコンサート」を開催。
8月28日 NHK「ビッグショー〝明日も青春の歌を〟」に出演。
11月1日 東京郵便貯金ホールで15周年記念「舟木一夫リサイタル」を開催。

昭和53（1978）年

1月15日 大阪・御堂会館「ふれんどコンサート」を開催。
2月4日 東京・イイノホール「ふれんどコンサート」を開催。
4月11日 東京・ABC会館ホール「ラヴリーコンサート」を開催。
4月18日 大阪・コスモ証券ホール「ラヴリーコンサート」を開催。
5月30日 東京・日劇公演「絶唱！ 舟木一夫」を開催（6月5日まで）。
10月3日 関西テレビ「柳生一族の陰謀」に出演（第30話「生きていた影武者」）。

昭和54（1979）年

3月15日 ATG企画映画『青春PARTⅡ』公開。
3月24日 東映映画『総長の首』公開。
5月21日 日劇で「絶唱！ 舟木一夫」（6月6日まで）。

昭和55（1980）年

2月23日 東京・日劇公演「絶唱！ 舟木一夫」を開催。なべおさみが共演。25日まで。
4月12日 南座「あゝ野麦峠」にゲスト出演（26日まで）。
5月3日 読売ホールで「スプリングコンサート」（4日も）。
11月2日 東京郵便貯金ホールでコンサート（3日も）。
12月9日 午後0時21分、東京。板橋の中央総合病院で長男・純が誕生。

昭和56（1981）年

3月31日 東京・後楽園球場でピンク・レディー解散コンサート。ラスト・ソングは舟木が作詞・作曲の「グッド・バイ・ソング」だった。

昭和57(1982)年

4月20日 読売ホール「伊豆の踊子」にゲスト出演(23日まで)
9月9日 雑誌「モーニング」創刊で、伊藤蘭と新聞広告。
11月3日 東京郵便貯金ホールでコンサート「酔って、Singer」を開催。

昭和58(1983)年

5月25日 初エッセイ集『酔って、Singer 青春病大さわぎ』(青山書房)を発刊。
12月10日 フジテレビ「笑っていいとも!」のテレフォンショッキングに出演。

昭和59(1984)年

4月4日 フジテレビ「銭形平次」第888話(最終回)に「立花左馬之介」役で出演。
4月6日 弟が事故死(26歳)。舟木は「この後、半年間は夢遊病者のようになった」と語った。
5月 借金返済のため、東京・祖師谷の邸宅を売却し、杉並区善福寺の借家に転居。

昭和62(1987)年

10月17日 テレビ東京「ワニいってんの?」(松本明子と司会、12月5日まで)。

昭和63(1988)年

4月 仙台放送の「ルック! 202」にメイン司会者としてレギュラー出演(翌年3月まで)。

平成元(1989)年

1月 東京都杉並区善福寺の借家から三鷹市の賃貸マンションに引っ越し。
9月1日 全国40か所の民音劇場公演「花ふたたび」がスタート(10月10日まで)。共演は夏木マリ、奈美悦子ら。
11月 ジョンソン&ジョンソンの「すまいのクルー」CMに出演。

平成2(1990)年

3月 フジテレビ「いただきます」にレギュラー出演。
6月 TBSテレビ「ヨタロー建白書」にレギュラー出演。

8月31日　東京・新宿の紀伊國屋ホールで劇団テアトロ〈海〉公演「忠臣蔵異聞・薄桜記」に特別出演（9月5日まで）。

平成3（1991）年

1月　フジテレビ「ごきげんよう」にレギュラー出演。

2月　岩手放送「ラジオ・ミュージック・ステージ」にレギュラーDJとして出演。

2月9日　東京・ABC会館ホールでコンサートを開催（翌10日も）。

8月11日　大阪・新歌舞伎座公演「君たちがいて僕がいた」に特別出演（16日まで）。

12月5日　東京・中野サンプラザホール「プレ30周年　舟木一夫コンサート」を開催。

平成4（1992）年

1月28日　大阪・新歌舞伎座で「芸能活動30周年記念プレリサイタル舟木一夫オンステージ」を開催。

5月21日　エッセイ集『怪傑!!高校三年生』（近代映画社）を発刊。

5月28日　全国30会場で芸能活動30周年記念・全国縦断特別公演「銭形平次」を開催（6月30日まで）。共演は光本幸子ら。

8月　全国16会場で「92コンサートツアー」を開催。

12月1日　東京・新宿コマ劇場で芸能活動30周年特別公演「歌と喜劇の年忘れ公演・爆笑！　花の天保六花撰」にゲスト出演（25日まで）。

12月31日　「第43回・NHK紅白歌合戦」に21年ぶりに出場、「高校三年生」を歌う。

平成5（1993）年

1月　全国13会場で民音フェスティバルをスタート。

1月　全国31会場でのコンサートツアーをスタート。

7月3日　名古屋・中日劇場で芸能生活30周年記念公演「銭形平次」を開催（26日まで）。

7月30日　全国12会場で芸能生活30周年記念特別公演「銭形平次」を開催（8月24日まで）。

8月26日　大阪・新歌舞伎座で「93サマービッグイベント　舟木一夫オンステージ」を開催（翌27日も）。

9月1日　東京・博品館劇場で芸能生活30周年記念公演「瞼の母」を開催（12日まで）。

9月14日　東京厚生年金会館で芸能生活30周年記念コンサート『絶唱』～ありがとう あなた」を開催。

11月3日　東京メルパルクホールで「CONCERT～風 アダルトに」を開催。

平成6（1994）年

1月1日　大阪・大阪劇場「飛天」でリサイタル（翌2日も）。
2月　全国60会場でのコンサートツアーをスタート。
5月11日　東京・池袋サンシャイン劇場公演「瞼の母」を開催（15日まで）。
5月17日　全国31会場で「瞼の母」「歌謡ショー」ツアー公演を開催（6月19日まで）。共演は淡路恵子ら。
7月18日　NHK「ふたりのビッグショー」（橋幸夫）。
9月15日　東京メルパルクホールで「CONCERT〜風 アダルトに」を開催。
10月11日　東京・浅草公会堂で「二葉あき子60周年記念ジョイントコンサート」に出演。
11月1日　名古屋・中日劇場公演「次男坊鴉」を開催（27日まで）。
12月2日　大阪・新歌舞伎座特別公演「はぐれ鴉」「オンステージ」を開催（25日まで）。

平成7（1995）年

1月　全国63会場でのコンサートツアーをスタート。
3月16日　大阪・新阪急ホテルでチャリティーコンサート「ランドセル基金」を開催。
4月4日　東京・新宿コマ劇場公演「七変化!!ねずみ小僧」を開催（28日まで）。
7月10日　阪神・淡路大震災で被災した子供たちの復興を目指す「ランドセル基金」の贈呈式に出席。
9月15日　東京・池袋サンシャイン劇場公演「KAZUOやぶにらみ50曲」を開催（17日まで）。
10月1日　名古屋・中日劇場公演「雨ふりお月さん」を開催（28日まで）。本作は名古屋ペンクラブ演劇賞を受賞。
12月2日　大阪・新歌舞伎座特別公演「銭形平次捕物控」などを開催（25日まで）。共演者は葉山葉子など。

平成8（1996）年

2月　全国60会場でのコンサートツアーをスタート。
2月26日　岡山から全国各地でディナーショーをスタート。
3月2日　東京・池袋サンシャイン劇場公演「春姿!!喧嘩安兵衛」を開催（20日まで）。
3月22日　全国20会場で「春姿!!喧嘩安兵衛」ツアー公演を開催（4月14日まで）。
6月10日　ハワイツアーを開催（15日まで）。
7月5日　京都・南座公演「次男坊鴉」を開催（28日まで）。

平成9（1997）年

1月2日　名古屋・中日劇場公演「坊っちゃん奉行」を開催（27日まで）。

1月5日　NHK大河ドラマ「毛利元就」に「椋梨景勝」役で出演。

2月1日　大阪・新歌舞伎座で芸能活動35周年特別公演「坊っちゃん奉行」などを開催（25日まで）。

3月16日　埼玉・大宮ソニックシティから全国各地で芸能生活35周年記念リサイタルを行う。

5月30日　舟木一夫・松竹新喜劇合同ツアー公演「お祭り提灯」「駕籠や捕物帳」を全国21会場で開催（6月27日まで）。

8月4日　東京・新橋演舞場初公演「野口雨情ものがたり」を開催（28日まで）。共演はこだま愛ら。

10月1日　京都・南座公演「喧嘩安兵衛」を開催（25日まで）。共演は香山美子ら。

12月8日　東京・中野サンプラザ「ファイナルコンサート1997」を開催。

平成10（1998）年

1月　全国60会場でのコンサートツアーをスタート。

1月8日　テレビ朝日の木曜ドラマ「愛しすぎなくてよかった」に出演（3月まで放送）。

1月26日　大阪・新歌舞伎座「舟木一夫オンステージ　53才青春ど真ん中」を開催（27日まで）。

3月　5年ぶりに1か月のリフレッシュ休暇。家族で欧州旅行。

6月2日　大阪・新歌舞伎座特別公演「銭形平次～辻切り恋供養」「オンステージ」を開催（26日まで）。共演は土田早苗ら。

7月10日　故郷・一宮市で父・栄吉の墓参り。

8月4日　東京・新橋演舞場公演「おやじの背中」「舟木一夫心の旅路」を開催（28日まで）。

9月28日　全国28会場で「坊っちゃん奉行」ツアー公演を開催（10月28日まで）。共演は浅香光代ら。

12月8日　東京・中野サンプラザ「ファイナルコンサート1998」を開催。

12月　関東・関西・中京11会場でディナーショーを開催。

平成11（1999）年

1月1日　テレビ東京の12時間ドラマ「赤穂浪士」に「清水一学」役で出演。

1月　日本テレビ「午後は○○おもいッきりテレビ」に準レギュラー出演。

1月　全国41会場でのコンサートツアーをスタート。

1月31日　京都・南座公演「おやじの背中」「舟木一夫　心の旅路」を開催（2月24日まで）。共演は林寛子ら。

5月14日　全国29会場で「沓掛時次郎」ツアー公演を開催（6月15日まで）。

7月7日　京都・南座で5daysコンサートを開催（11日まで）。

8月3日　東京・新橋演舞場公演「忠臣蔵異聞・薄桜記」を開催（28日まで）。

8月3日　エッセイ集『風来坊』（マガジンハウス）を刊行。

10月2日　名古屋・中日劇場公演「新吾十番勝負」を開催（27日まで）。共演は東てる美ら。

11月23日　東京・中野サンプラザ「ファイナルコンサート1999」を開催。

12月1日　大阪・新歌舞伎座特別公演「新吾十番勝負」などを開催（25日まで）。共演は東てる美、堤大二郎など。

平成12（2000）年

1月　全国24会場でのコンサートツアーをスタート。

2月18日　東京・新宿シアターアプル公演「アイ・ラブ・ニューヨーク」に出演（28日まで）。共演は久野綾希子、鈴木ほのから。

3月6日　TBSテレビ「水戸黄門」に出演（第28部25話「恋した人は謎の隠密—赤穂」）。

3月8日　新神戸オリエンタル劇場公演「アイ・ラブ・ニューヨーク」を開催（18日まで）。

5月3日　京都・南座公演「眠狂四郎・円月無頼帖」を開催（28日まで）。共演は荻野目慶子ら。

6月1日　東京・第一ホテルで橋幸夫、西郷輝彦とともに「御三家（G3K）メモリアルコンサート」の記者会見。全国100か所で200公演。

7月8日　大阪・新歌舞伎座「2000年7月歌の祭典　舟木一夫コンサート」を開催（翌9日も）。

7月22日　京都・南座で「舟木一夫オンステージ2000」を開催（23日も）。

9月1日　東京・新橋演舞場公演「宵待草・夢二恋歌」（26日まで）。共演は久野綾希子ら。

10月6日　東京・丸の内の東京国際フォーラム・ホールAで「G3Kメモリアルコンサート」を開催し全国ツアーをスタート。

10月2日　NHK連続テレビ小説「オードリー」に「栗部金太郎」役で出演（翌年3月31日まで）。

10月28日　東京都世田谷区の松蔭学園内に「高校三年生」の歌碑建立・除幕式（丘灯至夫が出席）。

11月23日　東京・中野サンプラザで「２０００ＦＩＮＡＬ～ＬＡＳＴ ＳＣＥＮＥ」を開催。

12月　箱根・浜松・長岡・大阪・京都・新横浜・幕張・川越・東京などでディナーショーを開催。

平成13（2001）年

1月　年間を通して「Ｇ３Ｋメモリアルコンサート」を開催（沖縄から北海道まで全国１２５か所）。

1月　全国10会場でのコンサートツアーをスタート。

3月28日　第22回・松尾芸能大賞受賞。

4月1日　名古屋・中日劇場公演「眠狂四郎・円月無頼帖」を開催（25日まで）。共演は荻野目慶子ら。

4月2日　ＴＢＳテレビ「水戸黄門」に出演（第29部１話「将軍が最も恐れた男―江戸―」）。

6月3日　大阪・新歌舞伎座特別公演「鯉名の銀平　雪の渡り鳥」などを開催（27日まで）。共演は林与一など。

7月31日　座長公演の稽古中に狭心症で倒れ、救急車で病院へ。数時間で回復し退院。

8月2日　東京・新橋演舞場公演「沓掛時次郎」を開催（24日まで）。

11月23日　東京・中野サンプラザ「ファイナルコンサート２００１」を開催。

12月20日　大阪・新歌舞伎座で「Ｇ３Ｋメモリアルコンサート」を開催（25日まで）。計１２５日間で２５２ステージに立ち40万３２００人を動員。

平成14（2002）年

1月7日　深夜に自宅で狭心症のため倒れ、東京・新宿の国立国際医療病院センターに緊急入院。

1月7日　ＴＢＳテレビ「水戸黄門」に出演（第30部14話「激闘!!忍びの対決―紀州―」）。

1月10日　全国９会場で「舟木一夫　芸能生活40周年記念特別企画新春ビッグステージ２００２」を開催（23日まで）。初日の公演はキャンセルし、左手首骨折の西郷輝彦が代役（翌日も）、12日の姫路市文化センター公演は橋幸夫が代役を務める。

1月13日　退院。禁煙宣言。

1月16日　芸術劇場びわ湖ホール公演「民音新春ビッグステージ２００２」より復帰（25日まで）。

2月　全国29会場でのコンサートツアーをスタート。

2月21日　東京・青山劇場で芸能生活40周年記念コンサート「惑わず四十年　舟木一夫リサイタル」を開催（24日まで）。

3月30日　京都・南座コンサート「惑わず四十年　舟木一夫オンステージ」を開催（31日まで）。

4月13日 福島県郡山市のJR郡山駅前東口広場に「高校三年生」の歌碑完成・除幕式に出席。
4月19日 名古屋・中日劇場コンサート「惑わず四十年　舟木一夫オンステージ」を開催（22日まで）。
5月21日 東京・赤坂プリンスホテルで歌手生活40周年記念パーティーを開催。御三家が〝共演〟。
6月1日 大阪・新歌舞伎座で芸能生活40周年記念公演「忠臣蔵異聞・薄桜記」などを開催（25日まで）。
8月30日 全国25会場で「銭形平次～蛍火の女～」ツアーを開催（9月25日まで）。
10月10日 東京・中野サンプラザ「ファイナルコンサート2002」を開催。
11月1日 京都・南座公演「沓掛時次郎」を開催（24日まで）。
12月1日 東京・新橋演舞場公演「鯉名の銀平・雪の渡り鳥」「銭形平次」を開催（25日まで）。
12月31日 日本レコード大賞・功労賞を受賞。

平成15（2003）年

3月 全国24会場でコンサートツアーをスタート。
3月15日 名古屋・中日劇場で「シアターコンサート」を開催（17日まで）。
5月17日 京都・南座で「シアターコンサート」（翌18日も）。
6月6日 東京・三越劇場公演「アコースティックコンサート2003」を開催（18日まで）。
8月1日 大阪・新歌舞伎座特別公演「てなもんや三度笠」「シアターコンサート」を開催（26日まで）。
10月4日 東京・新橋演舞場公演「月形半平太」「シアターコンサート」を開催（26日まで）。
11月18日 大阪・新歌舞伎座で「シアターコンサート」を開催（20日まで）。
11月24日 東京・中野サンプラザ「ファイナルコンサート2003」を開催。
12月14日 東京・新宿コマ劇場で「シアターコンサート」を開催。

平成16（2004）年

1月2日 名古屋・中日劇場公演「殿様弥次喜多」「シアターコンサート」を開催（25日まで）。共演は夏樹陽子ら。
2月 全国31会場でのコンサートツアーをスタート。
5月1日 大阪・新歌舞伎座特別公演「銭形平次～蛍火の女」などを開催（26日まで）。

7月29日　東京・丸の内の東京国際フォーラムで「シアターコンサート」「平凡アワー・スターハイライトショー」を開催。西郷輝彦、三田明と共演。
8月1日　東京・新橋演舞場公演「狐の呉れた赤ん坊　ちゃんの肩車」などを開催（26日まで）。市川左團次と初共演。
8月27日　東京・新橋演舞場で「舟木一夫サンクスコンサート2004」を開催。
10月31日　京都・南座公演「秘剣揚羽蝶　源氏九郎颯爽記」などを開催（11月23日まで）。
11月24日　京都・南座で「舟木一夫サンクスコンサート2004」を開催。
12月12日　東京・中野サンプラザで「赤ツメコンサート・プレイベント」を開催。西郷輝彦も祝福。

平成17（2005）年

1月　全国58会場での「赤い詰襟（赤ツメ）コンサート」をスタート（12月まで）。
4月2日　京都・南座で「シアターコンサート」を開催（翌3日も）。
4月30日　東京・新橋演舞場公演「瞼の母」「シアターコンサート」を開催（5月24日まで）。
5月25日　東京・新橋演舞場で「舟木一夫サンクスコンサート2005」を開催。

7月2日　名古屋・中日劇場公演「一本刀土俵入り」「シアターコンサート」を開催（5月24日まで）。
8月27日　大阪・新歌舞伎座公演「赤いツメエリコンサート新歌舞伎座スペシャル」を開催（25日まで）。
9月22日　東京・赤坂プリンスホテル「丘灯至夫先生の作品を歌う会」にゲスト出演。
12月1日　東京・新宿コマ劇場「赤ツメコンサート」を開催（4日まで）。
12月11日　東京・中野サンプラザで「赤ツメコンサート〝ゴールイン〟」を開催。

平成18（2006）年

1月2日　大阪・新歌舞伎座公演「月形半平太」「新春シアターコンサート」を開催（27日まで）。
2月　全国20会場での「平凡アワー」スペシャルをスタート。
3月　全国18会場でのコンサートツアーをスタート。
5月5日　京都・南座公演「痛快!?坊っちゃん奉行」「シアターコンサート」を開催（28日まで）。
5月29日　京都・南座で「舟木一夫サンクスコンサート2006」を開催。

8月2日　東京・新橋演舞場連続10回出演記念公演「野口雨情ものがたり　船頭小唄」「シアターコンサート」を開催(26日まで)。共演者は荻野目慶子、葉山葉子、長谷川稀世など。
8月27日　東京・新橋演舞場で「舟木一夫サンクスコンサート２００６」を開催。
9月26日　名古屋・中日劇場で「シアターコンサート」を開催(翌27日も)。
10月28日　大阪・新歌舞伎座で「新歌舞伎座コンサート２００６」を開催(翌28日も)。
11月23日　東京・中野サンプラザで「ファイナルコンサート２００６」を開催。

平成19(２００７)年

1月19日　東京・新宿コマ劇場でコンサート(22日まで)。
2月　芸能生活45周年記念コンサートをスタート。
3月3日　名古屋・中日劇場公演「喧嘩安兵衛」「シアターコンサート」を開催(26日まで)。
5月25日　東京・日本武道館で「遠藤実・歌謡音楽祭」に出演。小林旭、杉良太郎、千昌夫らと共演。
6月14日　大阪城ホールで「遠藤実・歌謡音楽祭」に出演。
6月15日　東京・赤坂プリンスホテル「丘灯至夫90歳の青春パーティー」にゲスト出演。
6月21日　マリンメッセ福岡で「遠藤実・歌謡音楽祭」に出演。
8月3日　東京・新橋演舞場で芸能生活45周年特別公演「銭形平次・蛍火の女」などを開催(27日まで)。
8月28日　東京・新橋演舞場で「舟木一夫サンクスコンサート２００７」を開催。
10月5日　大阪・新歌舞伎座で芸能生活45周年記念特別公演「次男坊鴉」などを開催(28日まで)。
12月9日　東京・中野サンプラザ「ファイナルコンサート２００７」を開催。
12月15日　名古屋・中日劇場公演「アニバーサリーコンサート」を開催(16日まで)。

平成20(２００８)年

1月　全国での「舟木一夫コンサート２００８」がスタート。
2月15日　大阪・新歌舞伎座「舟木一夫コンサート」を開催。
3月2日　福岡・博多座公演「銭形平次・あじさいの女」「シアターコンサート」を開催(26日まで)。
5月1日　東京・日生劇場「５ＤＡＹＳコンサート」を開催(5日まで)。

5月14日　京都・南座「5DAYSコンサート」を開催（18日まで）。
8月1日　大阪・新歌舞伎座特別公演「梅川・忠兵衛　恋そめて風の花」などを開催（24日まで）。池畑慎之介、淡島千景と共演。
10月3日　東京・新橋演舞場公演「鶴八鶴次郎」「シアターコンサート」を開催（26日まで）。
10月27日　東京・新橋演舞場で「舟木一夫サンクスコンサート2008」を開催。
12月14日　東京・中野サンプラザで「舟木一夫コンサート2008ファイナル」を開催。
12月17日　名古屋・中日劇場「舟木一夫2008ファイナルシアターコンサート」を開催（翌18日も）。

平成21（2009）年

1月　グランキューブ大阪で都はるみとのジョイントコンサート「新春ビッグ・ステージ2009」を開催。（合計6日間）
2月　全国での「舟木一夫コンサート2009」がスタート。
6月6日　名古屋・中日劇場公演「浮浪雲　／　シアターコンサート」を開催（28日まで）。共演は音無美紀子ら。
10月3日　京都・南座「舟木一夫コンサート」を開催（翌4日も）。
12月2日　東京・丸の内の東京国際フォーラムで「遠藤実メモリアルコンサート」に出演。
12月13日　東京・中野サンプラザで「舟木一夫コンサート2009ファイナル」を開催。

平成22（2010）年

2月23日　東京・新橋演舞場「舟木一夫シアターコンサート　in新橋演舞場」を開催（28日まで）。
3月　全国の「舟木一夫コンサート2010」がスタート。
4月14日　大阪・松竹座「舟木一夫シアターコンサート　in　松竹座」を開催（18日まで）。
4月23日　愛知県芸術劇場「青春歌謡BIG3スペシャルステージ」を開催。舟木、西郷輝彦、三田明が出演。
9月18日　名古屋・中日劇場「舟木一夫コンサート」を開催（翌19日も）。
12月2日　大阪・新歌舞伎座「舟木一夫シアターコンサート・in新歌舞伎座」を開催（5日まで）。
12月12日　東京・中野サンプラザで「舟木一夫コンサート2010ファイナル」を開催。
12月25日　東京・新橋演舞場「舟木一夫シアターコンサート　in　新橋演舞場」を開催。

平成23（2011）年

1月15日　東京・中野サンプラザ「ふたりのビッグショー」を開催。都はるみと共演。
1月21日　神奈川県民ホール「ふたりのビッグショー」を開催。都はるみと共演。
2月　全国での「舟木一夫コンサート2011」がスタート。
3月　全国での「青春歌謡BIG3スペシャルステージ」がスタート。舟木、西郷輝彦、三田明が出演。
3月　「ロト6」のCMで香取慎吾、五月みどりとともに出演。
4月15日　名古屋・中日劇場公演「プレ・アニバーサリー・コンサート」を開催（17日まで）。
8月5日　大阪・新歌舞伎座公演「銭形平次・蛍火の女／舟木一夫オンステージ」を開催（24日まで）。
11月20日　京都・南座「シアターコンサート」を開催。
11月26日　東京・新橋演舞場「シアターコンサート」を開催。
11月28日　埼玉・大宮ソニックシティ「青春歌謡BIG3」を開催。
12月6日　「NHK歌謡コンサート『遠藤実 不滅の名曲集』」出演。
12月11日　東京・中野サンプラザで「舟木一夫コンサート2011ファイナル」開催。

平成24（2012）年

1月1日　芸能生活50周年記念「明日咲くつぼみに」発売。
1月3日　名古屋・中日劇場芸能生活50周年記念公演「銭形平次～春を呼ぶ絆／シアターコンサート」を上演（26日まで）。林与一、葉山葉子、長谷川稀世らと共演。
2月25日　大阪・新歌舞伎座「芸能生活50周年記念舟木一夫・コンサート」を開催（翌26日も）。
3月8日　東京・丸の内の東京国際フォーラムで「舟木一夫　芸能生活50周年記念コンサート～ありがとう　そして明日へ」を開催。
3月13日　「NHK歌謡コンサート『春　旅立ちにこの歌を』」出演。
5月14日　テレビ朝日「徹子の部屋」収録（21日放送）。
5月31日　BSプレミアム「BS日本のうた」収録。都はるみと共演（6月24日放送）。
5月24日　東京・日生劇場で「芸能生活50周年記念　舟木一夫コンサート in Nissay Theatre」を開催（27日まで）。
6月5日　ホテルオークラ東京で「舟木一夫　芸能生活50周年記念パーティー」開催。
6月16日　TBSラジオ「永六輔その新世界」出演。「明日咲くつぼみに」の作詞家である永六輔と初の番組共演。
7月6日　テレビ東京「夏祭りにっぽんの歌」収録（8月2日放送）。

7月29日　フジテレビ「舟木一夫はタイムマシン〜いつまでも『高校三年生』〜」放送。
8月11日　NHK「思い出のメロディ」収録（18日放送）。
9月3日　大阪・新歌舞伎座芸能生活50周年記念公演「浮浪雲／シアターコンサート」を上演（22日まで）。林与一、秋吉久美子らと共演。
10月21日　「NHKのど自慢」出演。
11月19日　BSプレミアム　JASRAC主催「昭和の歌人たち〜作曲家・遠藤実」収録（12月2日放送）。
11月23日　京都・南座で「2012 〜ありがとう そして明日へ〜 舟木一夫コンサート in 南座」を開催（翌24日も）。
12月9日　東京・中野サンプラザで「舟木一夫　芸能生活50周年記念コンサートファイナル」を開催。
12月15日　名古屋・中日劇場で「芸能生活50周年記念　舟木一夫コンサート2012」を開催（翌16日も）。
12月24日　NHK「思い出のメロディーと私〜高校三年生〜」放送。
12月26日　東京・新橋演舞場で「芸能生活50周年記念　舟木一夫 シアターコンサート in 新橋演舞場　明日咲くつぼみに今日の生命を―」を開催。

平成25（2013）年

1月　全国での「舟木一夫コンサート2013」がスタート。
2月2日　大阪・新歌舞伎座で「舟木一夫　コンサート2013 in 新歌舞伎座」を開催（翌3日も）。
2月22日　東京・丸の内の東京国際フォーラムで「都はるみ 歌手生活50周年記念コンサート　〜歌と共に50年 ありがとうございます〜」にゲスト出演。
3月30日　東京・五反田ゆうぽうと「コロムビア大行進2013」に出演。
4月13日　大阪・メルパルクホール「コロムビア大行進2013」に出演。
5月7日　「NHK歌謡コンサート『大切な貴方にこの歌を』」出演。
6月5日　「NHKゆうどきネットワーク」出演。
6月7日　東京・新橋演舞場で「芸能生活50周年ファイナル　花の生涯―長野主膳　ひとひらの夢―／シアターコンサート」を上演（29日まで）。里見浩太朗、葉山葉子ほか。
6月30日　東京・新橋演舞場で「舟木一夫サンクスコンサート2013」を開催。
7月26日　名古屋・中日劇場で「舟木一夫 コンサート2013 in 中日劇場」を開催（翌27日も）。
11月2日　東京・丸の内の東京国際フォーラムで「ニッポン放送開局60周年記念コンサート『徳光和夫ニッポン放送夢の歌謡ステージ』」に出演。

11月6日　東京・中野サンプラザで「舟木一夫コンサート２０１３ファイナル」を開催。

12月3日　大阪・新歌舞伎座で「人情裏長屋より―いろは長屋の用心棒／シアターコンサート」を上演（22日まで）。なべおさみ、葉山葉子、長谷川稀世らと共演。

12月25日　東京・新橋演舞場で「舟木一夫シアターコンサートｉｎ新橋演舞場」を開催。

平成26（２０１４）年

1月19日　ＢＳプレミアム「昭和の歌人たち～作詞家・西條八十」収録。船村徹のギター演奏で「夕笛」を唄う（３月２日放送）。

2月　全国での「舟木一夫コンサート２０１４」がスタート。

2月22日　京都・南座で「舟木一夫シアターコンサート　ｉｎ　南座～七回忌に偲ぶ～遠藤実スペシャル『決して散らない花々』」を開催（翌23日も）。

2月25日　テレビ朝日「徹子の部屋」に西郷輝彦、三田明と出演（3月31日放送）。

3月28日　名古屋・中日劇場で「舟木一夫スペシャルコンサート～七回忌に偲ぶ～遠藤実スペシャル『決して散らない花々』」を開催（翌29日も）。

4月　全国での「青春歌謡　ＢＩＧ３スペシャルコンサート２０１４」がスタート。舟木、西郷輝彦、三田明が出演。

5月2日　大阪・新歌舞伎座で「舟木一夫シアターコンサート２０１４～七回忌に偲ぶ～遠藤実スペシャル『決して散らない花々』」を開催（4日まで）。

5月31日　東京・新橋演舞場で「舟木一夫シアターコンサート２０１４．ｉｎ　新橋演舞場　～七回忌に偲ぶ～遠藤実スペシャル『決して散らない花々』」を開催。

7月24日　「ＮＨＫスタジオパークからこんにちは」出演。

7月29日　ＮＨＫ歌謡コンサート『納涼 真夏のうた祭り』」出演。

9月2日　東京・新橋演舞場で「―天一坊秘聞―八百万石に挑む男／シアターコンサート」を上演（24日まで）。林与一、田村亮、尾上松也、長谷川稀世らと共演。

9月25日　東京・新橋演舞場で「舟木一夫サンクスコンサート２０１４」を開催。

10月28日　名古屋・中日劇場で「人情裏長屋より―いろは長屋の用心棒／シアターコンサート」を上演（11月15日まで）。曽我廼家文童、葉山葉子、長谷川稀世らと共演。

12月8日　フジテレビ「ごきげんよう」出演。池畑慎之介と共演（10日放送）。

12月14日　東京・中野サンプラザで「舟木一夫コンサート２０１４ファイナル」を開催。

12月20日　大阪・新歌舞伎座で「青春歌謡　ＢＩＧ３スペシャルコンサート　２０１４　ツアーファイナル　ｉｎ　新歌舞伎座」を開催（翌21日も）。西郷輝彦、三田明と。

12月26日　東京・新橋演舞場で「舟木一夫シアターコンサート　in 新橋演舞場」を開催。

平成27（2015）年

2月1日　大阪・新歌舞伎座で「―おとぼけ侍奮闘記―『花の風来坊』／シアターコンサート」を上演（20日まで）。林与一、葉山葉子、長谷川稀世らと共演。

3月14日　東京・中野サンプラザで「コロムビア大行進2015」に出演。

3月　全国での「舟木一夫コンサート2015」がスタート。

5月27日　作詞・松井五郎、作曲・南こうせつによる13年ぶりのオリジナル曲「春はまた君を彩る」を発売。

5月29日　大阪・新歌舞伎座で「舟木一夫シアターコンサート2015 in 新歌舞伎座　―演歌の旅人―　船村徹の世界」を開催。

7月1日　京都・南座で「舟木一夫シアターコンサート2015 in 南座　―演歌の旅人―　船村徹の世界」を開催（翌2日も）。

7月7日　「NHK歌謡コンサート『七夕に贈る 愛の歌物語』」出演。南こうせつのギター演奏で「春はまた君を彩る」を歌う。

7月19日　「NHKのど自慢」出演。

8月28日　名古屋・中日劇場「舟木一夫コンサート　―演歌の旅人―船村徹の世界」を開催（翌29日も）。

9月8日　東京・新橋演舞場で「舟木一夫シアターコンサート2015 in 新橋演舞場　―演歌の旅人―　船村徹の世界」を開催。

11月8日　東京・中野サンプラザで「舟木一夫コンサート2015ファイナル」を開催。

12月1日　東京・新橋演舞場で「―巷談・勝小吉―気ままにてござ候／シアターコンサート」を上演（23日まで）。林与一、曽我廼家文童、水谷八重子、葉山葉子らと共演。

12月24日　東京・新橋演舞場で「舟木一夫サンクスコンサート2015」を開催。

平成28（2016）年

1月17日　兵庫・神戸文化ホールで「新春ビッグステージ2016 舟木一夫・野口五郎 ザッツ流行歌！」を開催。

1月20日　大阪・フェスティバルホールで「新春ビッグステージ2016 舟木一夫・野口五郎 ザッツ流行歌！」を開催。

1月21日　滋賀・守山市民ホールで「新春ビッグステージ2016 舟木一夫・野口五郎 ザッツ流行歌！」を開催。

1月31日　東京・中野サンプラザで「新春ビッグステージ２０１６ 舟木一夫・森昌子　学園ソング決定版！」を開催。
2月　全国での「舟木一夫コンサート２０１６」がスタート。
3月4日　大阪・新歌舞伎座で「―続・おとぼけ侍奮闘記―『花の風来坊 ｐａｒｔⅡ』／シアターコンサート」を上演。(23日まで) 林与一、葉山葉子、長谷川稀世らと共演。
5月24日　名古屋・中日劇場で「舟木一夫コンサート　美空ひばりスペシャル　―ひばりが翔んだ日々―」を開催(翌25日も)。
6月10日　ＢＳ－ＴＢＳ「由紀さおりの素敵な音楽館」収録。南こうせつらと共演(7月11日放送)。
7月25日　東京・新橋演舞場で「舟木一夫コンサート・ｉｎ 新橋演舞場　美空ひばりスペシャル　―ひばりが翔んだ日々―」を開催。
10月1日　大阪・新歌舞伎座で「舟木一夫コンサート・ｉｎ 新歌舞伎座　美空ひばりスペシャル　―ひばりが翔んだ日々―」を開催(翌2日も)。
11月6日　東京・中野サンプラザ「舟木一夫コンサート２０１６ファイナル」を開催。
12月2日　東京・新橋演舞場で「『華の天保六花撰』どうせ散るなら／シアターコンサート」を上演(24日まで)。里見浩太朗、笹野高史らと共演。
12月25日　東京・新橋演舞場で「舟木一夫サンクスコンサート２０１６」を開催。

平成29(２０１７)年

1月25日　芸能生活55周年記念「みんな旅人」発売。
1月28日　東京・新橋演舞場で「芸能生活55周年記念　舟木一夫コンサート・ｉｎ 新橋演舞場」を開催。
2月　全国での「芸能生活55周年　舟木一夫コンサート２０１７」がスタート。
2月5日　ＢＳ朝日「祝デビュー55周年　舟木一夫・永遠の青春スター」収録。片岡鶴太郎のＭＣのもと、18曲ものスタジオ収録は最多(17日放送)。
2月26日　大阪・新歌舞伎座で「芸能生活55周年記念　舟木一夫コンサート・ｉｎ　新歌舞伎座」を開催(28日まで)。
4月6日　名古屋・中日劇場で「芸能生活55周年記念　舟木一夫コンサート」を開催(翌7日も)。
5月3日　大阪・新歌舞伎座で「芸能生活55周年記念　～二代・広沢虎造口演～清水次郎長外伝より『鬼吉喧嘩状』／シアターコンサート」を上演(22日まで)。林与一、曽我廼家文童らと共演。
7月26日　東京・浅草公会堂で「芸能生活55周年記念　舟木一夫コンサート・ｉｎ 浅草」を開催(翌27日も)。

8月20日　「ＮＨＫのど自慢」出演。
8月29日　愛知・一宮市民会館で「芸能生活55周年記念　舟木一夫コンサート」を開催。
9月16日　大阪・大阪松竹座で「芸能生活55周年記念　舟木一夫コンサート ｉｎ 浅大阪松竹座」を開催（翌17日も）。
10月25日　ＮＨＫ「ごごナマ」出演。
11月5日　東京・中野サンプラザ「芸能生活55周年記念　舟木一夫コンサートツアーファイナル」を開催（翌6日も）。
12月2日　東京・新橋演舞場で「通し狂言『忠臣蔵』／シアターコンサート」を上演（24日まで）。里見浩太朗、林与一、田村亮、紺野美沙子、葉山葉子、長谷川稀世、尾上松也らと共演。
12月25日　東京・新橋演舞場で「芸能生活55周年記念　舟木一夫サンクスコンサート２０１７」を開催。

平成30（2018）年

2月　全国での「舟木一夫コンサート２０１８」がスタート。
2月18日　ＢＳ－ＴＢＳ「由紀さおりの素敵な音楽館」収録。里見浩太朗、安田祥子らと共演（3月16日放送）。
2月24日　ＢＳフジ「水前寺清子情報館」出演。
3月10日　宮城・セキスイハイムスーパーアリーナ「２０１８年にっぽん演歌の夢祭り」にゲスト出演。
3月23日　名古屋・中日劇場で「舟木一夫　中日劇場さよならコンサート」を開催。
3月28日　大阪・新歌舞伎座で「舟木一夫コンサート ｉｎ　新歌舞伎座２０１８」を開催（翌29日も）。
7月4日　芸能生活55周年記念『その人は昔』のテーマ」発売。
7月5日　名古屋・御園座で「御園座新劇場開場記念　～二代・広沢虎口演～　清水次郎長外伝より『鬼吉喧嘩状』／シアターコンサート」を上演（24日まで）。林与一、葉山葉子、曽我廼家文童らと共演。
12月6日　東京・中野サンプラザで「舟木一夫コンサート２０１８ツアーファイナル」を開催。
12月23日　東京・新橋演舞場で「舟木一夫シアターコンサート ｉｎ　新橋演舞場『日本の名曲たち「ふるさとの…」を開催（25日まで）。

平成31（2019）年

1月　全国での「舟木一夫コンサート２０１９」がスタート。
2月6日　名古屋・御園座で「新劇場開場記念　舟木一夫シアターコンサート２０１９『日本の名曲たち』　―めぐる季節に―」を開催（8日まで）。

2月14日　大阪・新歌舞伎座で「舟木一夫コンサート in 新歌舞伎座2019『日本の名曲たち』 —めぐる季節に—」を開催（翌15日も）。

令和元（2019）年

10月7日　東京・中野サンプラザで「舟木一夫コンサート2019ツアーファイナル」を開催。

11月1日　大阪・新歌舞伎座で「新歌舞伎座開場60周年記念『浮浪雲～最強のかめサン～』／シアターコンサート」を上演。（20日まで）水谷八重子、葉山葉子らと共演。

12月22日　東京・浅草公会堂で「舟木一夫コンサート2019 in 浅草公会堂」を開催。（24日まで）

令和2（2020）年

1月　全国での「舟木一夫コンサート2020　日本の名曲たち『幼ごころの…』」がスタート。

2月7日　京都・南座で「舟木一夫シアターコンサート2020 in 京都南座」を開催（9日まで）。

11月2日　東京メルパルクホールで後援会員向けのコンサート「風　アダルトに」をコロナ禍以降、8か月ぶりに開催（3日も）。

12月3日　名古屋・御園座で「舟木一夫御園座コンサート2020」を開催（翌4日も）。

12月8日　東京・中野サンプラザで「舟木一夫コンサート2020ツアーファイナル」を開催。

令和3（2021）年

1月27日　大阪・新歌舞伎座で「舟木一夫コンサート in 新歌舞伎座2021『日本の名曲たち』 —なんとなくブルース」を開催（31日まで）。

2月　全国での「舟木一夫コンサート2020　日本の名曲たち『漫画・まんが・マンガ』」がスタート。

3月6日　東京・新橋演舞場で「舟木一夫シアターコンサート in 新橋演舞場『日本の名曲たち』 —めぐる季節に—」を開催（8日まで）。

10月27日　東京・中野サンプラザで「舟木一夫コンサート2021ツアーファイナル」を開催。

12月3日　東京・新橋演舞場で「『壬生義士伝』／シアターコンサート」を上演（21日まで）。高橋惠子、田村亮、山口馬木也らと共演。

12月22日　東京・新橋演舞場で「舟木一夫サンクスコンサート2021」を開催。

令和4(2022)年

1月19日　東京・丸の内の東京国際フォーラムで「芸能生活60周年記念　舟木一夫コンサート」を開催。
2月　全国での「芸能生活60周年記念　舟木一夫コンサート2022」がスタート。
3月4日　大阪・新歌舞伎座で「芸能生活60周年記念　舟木一夫コンサート」(6日まで)。
5月20日　京都・南座で「芸能生活60周年記念　舟木一夫シアターコンサート in 南座」(22日まで)。
7月13日　東京・浅草公会堂で「芸能生活60周年記念　舟木一夫コンサート2022 in ASAKUSA」(15日まで)。
9月22日　名古屋・御園座で「芸能生活60周年　舟木一夫　御園座特別コンサート2022」(翌23日も)。
10月14日　TBSラジオ「サンスター　文化の泉」収録(10月23日放送)。
10月24日　テレビ朝日「徹子の部屋」収録(11月18日放送)。
11月15日　東京・中野サンプラザで「芸能生活60周年記念　舟木一夫コンサート2022ツアーファイナル」を開催(翌16日も)。
12月7日　芸能生活60周年記念「湖愁」発売。
12月10日　東京・新橋演舞場で「芸能生活60周年記念　舟木一夫ロングコンサート in 新橋演舞場」(21日まで)。

令和5(2023)年

2月16日　埼玉・大宮ソニックシティから全国での「舟木一夫コンサート2023」がスタート。
3月18日　大阪・新歌舞伎座で「舟木一夫コンサート in 新歌舞伎座2023」(23日まで)。
3月27日　東京・新橋演舞場で「舟木一夫　シアターコンサート in 新橋演舞場」(29日まで)。
4月25日　東京・中野サンプラザで「舟木一夫コンサート2023～さよならサンプラザ～」を開催。
5月26日　京都・南座で「舟木一夫シアターコンサート in 南座」(28日まで)。
6月5日　大阪メルパルクホールで後援会員のための「ふれんどコンサート」開催(東京は12日)。
7月25日　東京・浅草公会堂で「舟木一夫コンサート2023 in ASAKUSA」(27日まで)。
9月22日　名古屋・御園座で「舟木一夫　御園座特別コンサート2023」(24日まで)。

11月16日　東京・丸の内の東京国際フォーラムで「舟木一夫コンサート2023ツアーファイナル」を開催。
12月20日　東京・浅草公会堂で「舟木一夫スペシャルコンサート2023 in ASAKUSA」(翌21日も)。

令和6(2024)年

2月2日　埼玉・大宮ソニックシティから全国での「舟木一夫コンサート2024」がスタート。
2月22日　長野・ホクト文化ホールで「舟木一夫コンサート」。
3月6日　神奈川・カルッツかわさきホールで「舟木一夫コンサート」。
3月12日　静岡・アクトシティ浜松大ホールで「舟木一夫コンサート」。
3月26日　兵庫・神戸国際会館で「舟木一夫コンサート」。
3月27日　大阪・フェスティバルホールで「舟木一夫コンサート」。
4月12日　群馬・高崎芸術劇場で「舟木一夫コンサート」。
4月23日　愛知・日本特殊陶業市民会館で「舟木一夫コンサート」(24日も)。
5月2日　大阪・新歌舞伎座で「舟木一夫・神野美伽ジョイントコンサート」(8日まで)。

※2023年12月以降は予定です。

★新情報★
2024年4月5日　京都・南座で
「舟木一夫シアターコンサート in 南座」(7日まで)。

舟木一夫・シングル&アルバム一覧

昭和38(1963)年

6月「高校三年生／水色のひと」
8月「修学旅行／淋しい町」
10月「学園広場／只今授業中」
11月「仲間たち／はるかなる山」
11月「聖夜」
11月 アルバム「舟木一夫　花のステージ(第一集)」

昭和39(1964)年

1月「叱られたんだね／初恋の駅」
1月「あゝ青春の胸の血は／夕月の乙女」
3月「さあさ踊ろよ」
3月「涙の敗戦投手／さらば古い制服よ」
3月「君たちがいて僕がいた／青春はぼくらのもの」
4月「貝殻の唄」
4月「東京新宿恋の街」
6月「まだみぬ君を恋うる歌／ひとりになると」
6月「しあわせの星二つ／織姫音頭」
6月 アルバム「舟木一夫　花のステージ(第二集)」
7月「夢のハワイで盆踊り」
7月「アロハ・オエ／少女」
8月「おみこし野郎／いなせじゃないか若旦那」
9月「花咲く乙女たち／若き旅情」
9月「青春の大阪」
11月「右衛門七討入／右衛門七節」
11月 アルバム「舟木一夫　ヒットショー」

昭和40(1965)年

1月「火消し若衆／木挽哀歌」
3月「北国の街／はやぶさの歌」
3月「成人のブルース／あの娘をまもろう」
3月「竹千代音頭／竹千代の唄」
4月「東京は恋する／虹のむこうに」
6月「あゝりんどうの花咲けど／待っている人」
6月 アルバム「舟木一夫　花のステージ(第三集)」
7月「渚のお嬢さん／月とヨットと遠い人」
8月「たそがれの人／夜霧のラブレター」
8月「浜の若い衆／磯浜そだち」
8月「あゝ鶴ヶ城／お城かこんで輪になって」
10月「高原のお嬢さん／夏の日の若い恋」
11月「歩いて行こうよどこまでも／すたこら音頭」
11月 アルバム「舟木一夫と若い民謡」
12月「東京百年／やなぎ小唄」

昭和41(1966)年

1月「山のかなたに／ふるさとの乙女」

2月「哀愁の夜／銀座すずらん通り」
3月 アルバム「舟木一夫　花のステージ（第四集）」
4月「友を送る歌／おもいをこめて手をふろう」
5月「敦盛哀歌／銭形平次」
6月「今日かぎりのワルツ／ひぐれ山唄」
6月「踊ろうぼくと／ひとりぼっちの女の子」
6月「太陽にヤァ！／真珠っ子」
6月 アルバム「デビュー三周年記念　ひたむきな青春
舟木一夫の魅力」
8月「絶唱／雨の中に消えて」
9月 アルバム「舟木一夫　花のステージ（第五集）」
11月「ジングル・ベル／おやすみ恋人よ」
11月 アルバム「その人は昔～東京の空の下で～」
12月「ブルー・トランペット／話してごらんこの僕に」

昭和42（1967）年

1月「一心太助江戸っ子祭り／淋しかないさ」
3月「星の広場へ集まれ！／北国の旅情」
5月「夏子の季節／あいつと私」
6月 アルバム「舟木一夫　花のステージ（第六集）」
7月「心こめて愛する人へ／じっとしてると恋しい」
8月「夕笛／さんざしの花咲けば」
9月 アルバム「スター・デラックス　舟木一夫」
11月「センチメンタル・ボーイ／愛につつまれて」
11月 アルバム「ひとりぼっち　舟木一夫の夜（第一集）」
12月 アルバム「舟木一夫　花のステージ（第七集）」

昭和43（1968）年

1月「くちなしのバラード／北風のビギン」
3月「残雪／幸せよ急げ」
4月「知りたくないの／恋心」
5月「夜霧の果てに／夢の中の恋人」
6月「オレは坊っちゃん／喧嘩鳶（野狐三次）」
6月 アルバム「ひとりぼっち　舟木一夫想い出の歌（第二
集）」
9月「荒城の月／赤とんぼ」
9月「銀色の恋／ふたりだけの街角」
10月 アルバム「雪のものがたり」
12月 アルバム「舟木一夫　花のステージ（第八集）」

昭和44（1969）年

1月「青春の鐘／幸せを抱こう」
2月「永訣の詩／京の恋唄」
2月 アルバム「ワンダフル・ボーイ　舟木一夫」
3月 アルバム「舟木一夫魅力のすべて（第一集）」
5月「追憶のブルース／素敵なあなた」
6月 アルバム「ひとりぼっち　舟木一夫懐かしの歌（第三
集）」

7月　「ああ!!桜田門／恋のお江戸の歌げんか」
8月　「夕映えのふたり／高原のひと」
12月　「北国にひとり／いつか来るさよなら」
12月　アルバム「舟木一夫魅力のすべて（第二集）」

昭和45（1970）年

4月　「再会／心配だから来てみたけど」
6月　アルバム「ひとりぼっち　舟木一夫と世界の歌（第四集）」
7月　「青年の唄／うわさのあいつ」
7月　アルバム「舟木一夫　花のステージ（第九集）再会」
8月　アルバム「ベスト・カップル・シリーズ舟木一夫（オリジナルヒットと懐メロ）」
9月　「紫のひと／東京みれん雨」
9月　アルバム「舟木一夫大全集（5枚組）」
10月　アルバム「ひとりぼっち　舟木一夫と大都会の夜（第五集）」
12月　「霧の街／二人の夜」

昭和46（1971）年

3月　アルバム「舟木一夫　花のステージ（第十集）」
4月　「あゝ名古屋城」
5月　「日曜日には赤い薔薇／三本のローソク」
8月　「春の坂道／里の花ふぶき」
9月　「初恋／あなたの故郷」
10月　アルバム「スター・ダブルデラックス　舟木一夫をあなたに」
12月　アルバム「初恋　舟木一夫抒情歌謡をうたう」

昭和47（1972）年

1月　「遥かなる草原／さりげない別れ」
3月　「よみがえる夜明け／麦笛」
6月　アルバム「日本の四季　舟木一夫　西條八十の世界を歌う」

昭和48（1973）年

1月　「都井岬旅情／白鳥」
4月　「少年いろの空／明日に向って走れ！」
6月　アルバム「宵待草・竹久夢二の郷愁」
6月　アルバム「舟木一夫ベスト・アルバム」
7月　「親不孝通り／俺が死ぬ日」
8月　アルバム「舟木一夫　花のステージ（第十一集）」
9月　「サンチャゴの鐘／夏子」
10月　アルバム「舟木一夫　魅力のすべて」

昭和49（1974）年

6月　アルバム「初恋　舟木一夫抒情歌謡をうたう」（再販）
9月　「旅路／寝顔」

10月　アルバム「友情　舟木一夫の新しい名刺」
10月　アルバム「Golden double F0r You 舟木一夫」

昭和50（1975）年

1月　「愛の新雪／別れの瞳」
1月　アルバム「舟木一夫ゴールデン・コンサート（郵便貯金ホール・ライブ）
4月　「日本晴ればれ音頭」
4月　「むかえ火／津和野川」
4月　アルバム「暦12ヶ月の愛の詩（舟木一夫オリジナルLP）」
6月　アルバム「舟木一夫大全集」
7月　アルバム「舟木一夫映画音楽を唄う　ホテル・ニューオータニ・ディナーショー・ライヴ」
11月　アルバム「ゴールデン・スター・ワイド・デラックス舟木一夫」
12月　「許されるなら／哀しみの旅」
12月　アルバム「愛と別れの12章」

昭和51（1976）年

4月　「別れの部屋／噂めぐり」
5月　アルバム「舟木一夫　日本の歌・世界の歌」
6月　アルバム「花もよう　舟木一夫」
8月　「レマンのほとり／日曜の恋人」
8月　アルバム「レマンのほとり　舟木一夫ニュー・オリジナル」
10月　アルバム「ゴールデン・スター・デラックス　舟木一夫のすべて」

昭和52（1977）年

1月　「一葉舟／恋唄」
1月　アルバム「舟木一夫リサイタル'76　東京郵便貯金ホール・ライブ」
2月　アルバム「一葉舟／舟木一夫77オリジナル」
6月　「怪傑!!児雷也／さくら仁義」
6月　アルバム「歌手生活15周年記念　限りない青春の季節　舟木一夫大全集」
8月　「愛はまぼろし／君の手で花束を」
9月　アルバム「歌手生活15周年記念　愛はまぼろし」
11月　「春哀し／愛を探しに」
11月　アルバム「舟木一夫・ベスト16」
12月　アルバム「限りない青春の季節／舟木一夫15周年記念リサイタル　歌とモノローグで綴る15年の歩み」

昭和53（1978）年

5月　アルバム「舟木一夫／ふれんどコンサート」
6月　「立ち話／この胸に帰れ」
7月　アルバム「舟木一夫オリジナル・ヒットと懐メロと」

昭和54（1979）年

3月　「ららばい／はぐれカモメ」

昭和55（1980）年

1月　「グッド・バイ・ソング／明日は明日で」

1月　アルバム「29小節の挽歌　舟木一夫」

10月　「どうしているかい／秋着駅」

11月　アルバム「舟木一夫・ベスト・アルバム」

昭和56（1981）年

3月　アルバム「どうしているかい／舟木一夫」

5月　「さんざしの花／日本海の見える町」

昭和57（1982）年

6月　「愛だなんて言うまえに／End・Love」

6月　アルバム「WHITE／舟木一夫」

昭和58（1983）年

4月　「つばさ／青春ばなし」

4月　アルバム「WHITEⅡ／舟木一夫」

昭和60（1985）年

1月　「季節かさねて／英もよう」

昭和63（1988）年

6月　アルバム「舟木一夫／高校三年生」

11月　アルバム「その人は昔／舟木一夫」

平成2（1990）年

9月　「落日のあとで／風のワルツ」

10月　アルバム「舟木一夫全曲集／落日のあとで」

平成3（1991）年

11月　「友よ／いつか愛したおまえ」

11月　アルバム「舟木一夫全曲集／友よ」

平成4（1992）年

5月　アルバム「歌手生活30周年記念　舟木一夫大全集～陽射し・旅人～」

6月　「人生半分／これから」

10月　アルバム「舟木一夫全曲集／人生半分」

平成5（1993）年

2月　アルバム「デビュー30周年記念　'92舟木一夫オンステージ」

2月　アルバム「ツイン・パック　舟木一夫」

4月　アルバム「こころのステレオ　その人は昔～東京の空の下で～」

4月　アルバム「日本の四季　西條八十の世界を歌う」
4月　アルバム「暦　12ヶ月の愛の詩」
5月　「泣かないで／北の道しるべ」
5月　アルバム「特選集　舟木一夫／泣かないで」
10月　アルバム「舟木一夫　全曲集／泣かないで」

平成6（1994）年

1月　「ありがとう あなた／めぐり逢う日を…」
3月　アルバム「青春の日々～今、新しく～／舟木一夫」
5月　アルバム「舟木一夫ベスト・セレクション／ありがとう あなた」
8月　アルバム「ツイン・パック　舟木一夫／ありがとう あなた」
11月　アルバム「舟木一夫全曲集／ありがとう あなた」

平成7（1995）年

4月　アルバム「ＷＨＩＴＥ／舟木一夫」
4月　アルバム「ＷＨＩＴＥⅡ／舟木一夫」
5月　アルバム「特選集　舟木一夫・ありがとうあなた」
8月　アルバム「流行歌文庫～私の選んだベスト10／舟木一夫」
9月　「風、好きに吹け～迷夢本望～／最後の恋」
11月　アルバム「舟木一夫全曲集／風、好きに吹け～迷夢本望～」

12月　アルバム「舟木一夫B面コレクション」

平成8（1996）年

2月　アルバム「あなたの選んだベスト10」
5月　アルバム「特選集　舟木一夫／風、好きに吹け～迷夢本望～」
6月　「ラブレター／ラモーナ」
8月　アルバム「舟木一夫全曲集／LOVE LETTERS／RAMONA」
12月　「想春／いつでも青春」

平成9（1997）年

4月　アルバム「舟木一夫特選集／想春」
5月　アルバム「舟木一夫デビュー35周年記念オリジナル・ベスト50」
7月　アルバム「心に沁みた流行歌（はやりうた）35ｔｈに」
8月　「君へ心こめて／29小節の挽歌」
10月　アルバム「舟木一夫全曲集／君へ心こめて」
11月　アルバム「デビュー35周年記念　舟木一夫全集」

平成10（1998）年

4月　アルバム「「舟木一夫全曲集／君へ心こめて」
5月　アルバム「ＷＨＩＴＥⅢ」／舟木一夫」

8月　アルバム「ツイン・パック　舟木一夫／君へ心こめて」
10月　アルバム「舟木一夫全曲集／絶唱」

平成11（1999）年
1月　「君よ振りむくな／明日は明日で」
2月　アルバム「舟木一夫ゴールデンベスト」
5月　アルバム「舟木一夫特選集／君よ振りむくな」
7月　「燃えよドラゴンズ！’99／ROCK'N ROLL ふるさと／燃えよドラゴンズ！’99 韓国三銃士」
7月　アルバム「舟木一夫ベストセレクション50」
10月　アルバム「舟木一夫99　君よ振りむくな」

平成12（2000）年
1月　「想い出カフェ・オ・レ／どうせ On The Rock」
1月　アルバム「舟木一夫ソング・セレクション―魅力のすべて2000」
8月　「小さな手紙」
9月　アルバム「舟木一夫全曲集2000／小さな手紙」
10月　「蜃気楼／さよならの朝に」
11月　アルバム「ツイン・パック　舟木一夫／蜃気楼」

平成13（2001）年
5月　アルバム「特選ベスト舟木一夫　蜃気楼」

平成14（2002）年
5月　「浮世まかせ／ありがとうも さようならも」
10月　アルバム「舟木一夫全曲集／浮世まかせ」
12月　アルバム「コロムビア音得盤　舟木一夫」

平成15（2003）年
7月　アルバム「初恋～舟木一夫　抒情歌謡を唄う」
10月　アルバム「舟木一夫全曲集／蜃気楼」

平成16（2004）年
7月　「恋唄／たそがれの人」
8月　アルバム「花もよう／舟木一夫」

平成17（2005）年
7月　アルバム「舟木一夫スペシャルベスト」

平成18（2006）年
6月　アルバム「舟木一夫ゴールデンベスト」
6月　アルバム「舟木一夫全曲集／船頭小唄」
6月　アルバム「ドーナツ版メモリー　舟木一夫」

平成19（2007）年
7月　「船頭小唄／燦く星座」

1月　アルバム「舟木一夫　魅力のすべて」

平成20（2008）年

5月　アルバム「舟木一夫ゴールデンベスト」
10月　アルバム「舟木一夫全曲集」

平成21（2009）年

2月　アルバム「舟木一夫名曲カバー傑作選」
5月　アルバム「舟木一夫スーパーベスト」
10月　アルバム「舟木一夫全曲集」

平成22（2010）年

7月　アルバム「舟木一夫ヒット曲集2010」
10月　アルバム「舟木一夫全曲集」
10月　アルバム「〝極上演歌特盛〟シリーズ　舟木一夫」

平成23（2011）年

3月　アルバム「舟木一夫コンサート2010ファイナル　2010・12・12東京・中野サンプラザ」
11月　アルバム「舟木一夫全曲集2011」

平成24（2012）年

1月　「明日咲くつぼみに／浮世まかせ」
1月　アルバム「芸能生活50周年記念　舟木一夫プレミアBOX～ありがとう　そして明日へ～」
1月　アルバム「WHITEスペシャルセレクション」
2月　アルバム「〝極上演歌特盛〟カラオケ・シリーズ　舟木一夫」
5月　アルバム「舟木一夫　プレミアム・ベスト2012」
7月　アルバム「舟木一夫　スマートパック」
7月　アルバム「舟木一夫カラオケ スマートパック」
8月　アルバム「時代劇ソング スペシャルセレクション」
8月　アルバム「カバーソング スペシャルセレクション」
11月　アルバム「舟木一夫全曲集 明日咲くつぼみに」

平成25（2013）年

2月　アルバム「ツイン・パック」
2月　アルバム「芸能生活50周年記念 舟木一夫コンサート～ありがとう そして明日へ～」
5月　アルバム「舟木一夫 プレミアム・ベスト2013」
6月　アルバム「ファン選定！ 舟木一夫 ベスト・セレクションTOP 1→30」
6月　アルバム「愛はまぼろし」
6月　アルバム「一葉舟」
6月　アルバム「愛と別れの12章」
8月　アルバム「ポップソング スペシャルセレクション」
10月　アルバム「舟木一夫全曲集2013」

平成26（2014）年

2月　アルバム「舟木一夫コンサート　２０１３ファイナル　２０１３・11・6 東京・中野サンプラザ」
5月　アルバム「舟木一夫 プレミアム・ベスト２０１４」
6月　「眠らない青春／恋人形」
9月　アルバム「シアターコンサート２０１４　ヒットパレード／遠藤実スペシャル～七回忌に偲ぶ～「決して散らない花々」２０１４年5月31日　東京・新橋演舞場」
9月　アルバム「舟木一夫　抒情歌謡を歌う　～絶唱、夕笛、初恋…～」
10月　アルバム「舟木一夫全曲集 眠らない青春」

平成27（２０１５）年

2月　アルバム「究極ベスト／舟木一夫」
5月　「春はまた君を彩る／そばにいるから」
7月　アルバム「舟木一夫 ダブル・ベスト☆オリジナル＆カバーズ」
8月　アルバム「舟木一夫 船村徹を唄う ～その人は昔～」
10月　アルバム「舟木一夫全曲集 春はまた君を彩る」
11月　アルバム「舟木一夫シアターコンサート２０１５　ヒットパレード／～演歌の旅人～ 船村徹の世界」

平成28（２０１６）年

2月　アルバム「こころのステレオ　その人は 昔 ―東京の空の下で」
2月　アルバム「こころのステレオ《第二集》 雪のものがたり」
4月　「スーパー・カップリング・シリーズ　絶唱／夕笛」
4月　「スーパー・カップリング・シリーズ　高校三年生／学園広場」
10月　アルバム「舟木一夫 シアターコンサート２０１６ ヒットパレード／美空ひばりスペシャル―ひばりが翔んだ日々―」
11月　アルバム「舟木一夫全曲集 ２０１６」

平成29（２０１７）年

1月　アルバム「丘灯至夫生誕１００年記念　舟木一夫 丘灯至夫を唄う」
1月　「みんな旅人／下町どこさ」
6月　アルバム「舟木一夫スペシャルベスト」
7月　アルバム「芸能生活55周年記念 舟木一夫ＣＤコレクション 後篇：シングルコレクション １９６３～２０１７」
9月　アルバム「ＷＨＩＴＥ 舟木一夫 55th anniversary special edition」
9月　アルバム「ＷＨＩＴＥ 舟木一夫 II 55th anniversary special edition」
9月　アルバム「ＷＨＩＴＥ 舟木一夫 III 55th anniversary special edition」

10月　アルバム「舟木一夫全曲集 みんな旅人」
11月　アルバム「29小節の挽歌」
11月　アルバム「愛はまぼろし」
11月　アルバム「一葉舟」
11月　アルバム「レマンのほとり」
11月　アルバム「暦　十二ヶ月の愛の詩（うた）」

平成30（2018）年

1月　アルバム「芸能生活55周年記念 舟木一夫コンサート２０１７ファイナル ２０１７・11・6 東京・中野サンプラザ」
7月　「『その人は昔』のテーマ／ROCK'N ROLL ふるさと」
10月　アルバム「舟木一夫全曲集『その人は昔』のテーマ」

令和元（2019）年

6月　アルバム「令和 ツイン・パック」
9月　アルバム「舟木一夫 CDコレクション∴シングルコレクション 特別篇」

令和2（2020）年

2月　アルバム「舟木一夫スペシャルコンサート２０１９」
8月　アルバム「LIVE SELECTION ２０１２〜２０１９」
10月　アルバム「舟木一夫全曲集 ２０２１」

令和3（2021）年

6月　アルバム「舟木一夫『シアターコンサート』名曲選」
10月　アルバム「舟木一夫全曲集 ２０２２」

令和4（2022）年

1月　アルバム「芸能生活60周年記念　舟木一夫 アルバムソングセレクション　１９６３〜２０２２」
10月　アルバム「舟木一夫全曲集 ２０２３」
11月　アルバム「舟木一夫　芸能生活60周年記念コンサート」
12月　「湖愁／浮世まかせ（60周年ライブバージョン）」

令和5（2023）年

5月　アルバム「レア・セレクション １９６３〜１９７７」
10月　アルバム「レア・セレクション Ｖｏｌ・２」

舟木一夫・DVD&ビデオ一覧

平成7（1995）年

7月　VHS「'95舟木一夫ヒット・パレード　花のステージ」

平成9（1997）年

7月　VHS「歌手生活35周年記念 舟木一夫リサイタル」

平成12（2000）年

9月　VHS「舟木一夫　青春の軌跡Ⅰ」

9月　VHS「舟木一夫　青春の軌跡Ⅱ」

9月　VHS「舟木一夫　青春の軌跡Ⅲ」

平成13（2001）年

2月　DVD&VHS「舟木一夫オンステージ2000―21世紀へ向けて」

7月　VHS「舟木一夫～素顔の魅力」

11月　VHS「舟木一夫ビデオ全曲集」

平成14（2002）年

1月　DVD「舟木一夫ヒット全曲集」

2月　VHS「舟木一夫オンステージ　ファイナルコンサート2001」

5月　VHS「芸能生活40周年記念　舟木一夫リサイタル～惑わず40年～」

平成15（2003）年

2月　VHS「芸能生活40周年記念　舟木一夫ファイナルコンサート2002」

7月　DVD「舟木一夫オンステージ　ファイナルコンサート2001」

7月　DVD「芸能生活40周年記念　舟木一夫リサイタル～惑わず40年～」

平成16（2004）年

10月　DVD「舟木一夫　素顔の魅力」

平成17（2005）年

4月　DVD&VHS「赤い詰襟コンサート」

平成18（2006）年

1月　DVD「舟木一夫 DVDコレクション」

3月　DVD&VHS「赤い詰襟コンサート　ファイナル」

平成19（2007）年

6月　DVD&VHS「芸能生活45周年記念コンサート2007・1・20 新宿コマ劇場」

平成23（2011）年

松竹提供

3月　DVD「舟木一夫コンサート2010ファイナル　東京・中野サンプラザ」

平成24（2012）年

12月　DVD「芸能生活50周年記念　舟木一夫コンサート～ありがとう　そして明日へ～2012・6・22　宇都宮市文化会館」

平成26（2014）年

2月　DVD「舟木一夫コンサート　2013ファイナル　2013・11・6 東京・中野サンプラザ」

9月　DVD「シアターコンサート2014 ヒットパレード／遠藤実スペシャル～七回忌に偲ぶ～『決して散らない花々』2014年5月31日　東京・新橋演舞場」

平成27（2015）年

3月　DVD「舟木一夫オン・ザ・ロード2014コンサートin東京・中野サンプラザ　2014・12・14」

11月　DVD「舟木一夫シアターコンサート2015ヒットパレード／～演歌の旅人～船村徹の世界」

平成28（2016）年

10月　DVD「舟木一夫シアターコンサート2016 ヒットパレード／美空ひばりスペシャル―ひばりが翔んだ日々―」

平成29（2017）年

4月　DVD「青春の軌跡・Ⅰ」

4月　DVD「青春の軌跡・Ⅱ」

4月　DVD「青春の軌跡・Ⅲ」

平成30（2018）年

1月　DVD「芸能生活55周年記念　舟木一夫コンサート2017ファイナル　2017・11・6東京・中野サンプラザ」

11月　DVD「LIVE　SELECTION～『その人は昔』のテーマ～」

令和元（2019）年

2月　DVD「舟木一夫シアターコンサート2018　ヒットパレード／日本の名曲たち『ふるさとの…』」

令和2（2020）年

2月　DVD「舟木一夫スペシャルコンサート2019」

8月　DVD「LIVE　SELECTION　2012～2019」

令和3（2021）年

6月　DVD「舟木一夫『シアターコンサート』名曲選」

令和4（2022）年

12月　DVD「芸能生活60周年記念〝Anniversary Live〟SPECIALBOX」

舟木一夫・出演映画一覧

タイトル、製作・配給会社、監督、舟木以外の主な出演者、★は舟木の主演作、公開年月日

▼	**「高校三年生」**（大映・井上芳夫）	高田美和、姿美千子、倉石功	1963・11・16
▼	**「学園広場」**（日活・山崎徳次郎）	松原智恵子、山内賢、田代みどり	1963・12・15
▼	**「ミスター・ジャイアンツ勝利の旗」**（東宝・佐伯幸三）	長嶋茂雄、フランキー堺	1964・2・12
▼	**「仲間たち」**（日活・柳瀬観）	松原智恵子、浜田光夫	1964・3・14
▼	**「君たちがいて僕がいた」**（東映・鷹森立一）	本間千代子、千葉真一、高峰三枝子	1964・5・23
▼	**「夢のハワイで盆踊り」**（東映・鷹森立一）	本間千代子、高橋元太郎、笠智衆	1964・8・1
▼	**「続・高校三年生」**（大映・弓削太郎）	姿美千子、倉石功、松村達雄	1964・8・22
▼	**「あゝ青春の胸の血は」**（日活・森永健次郎）	和泉雅子、山内賢、二本柳寛	1964・9・9
▼	**「花咲く乙女たち」**（日活・柳瀬観）	山内賢、西尾三枝子、田代みどり	1965・1・24
★	**「北国の街」**（日活・柳瀬観）	和泉雅子、山内賢、葉山良二	1965・3・20
★	**「東京は恋する」**（日活・柳瀬観）	和田浩治、伊藤るり子、葉山良二	1965・9・18
★	**「高原のお嬢さん」**（日活・柳瀬観）	和泉雅子、山内賢、西尾三枝子	1965・12・4
★	**「哀愁の夜」**（日活・西河克己）	和泉雅子、藤竜也、山本陽子	1966・3・27
★	**「友を送る歌」**（日活・西河克己）	和泉雅子、山内賢、二谷英明	1966・6・25
▼	**「太陽に突っ走れ」**（東映・鷹森立一）	千葉真一、十朱幸代、大原麗子	1966・9・8
★	**「絶唱」**（日活・西河克己）	和泉雅子、志村喬、太田雅子（梶芽衣子）	1966・9・17

★**「北国の旅情」**（日活・西河克己）　十朱幸代、東野英治郎、山内賢　1967・1・3

★**「一心太助　江戸っ子祭り」**（東映・山下耕作）　藤（富士）純子、加東大介、里見浩太朗　1967・4・20

★**「その人は昔」**（東宝・松山善三）　内藤洋子、山中康司、金子勝美　1967・7・1

★**「夕笛」**（日活・西河克己）　松原智恵子、島田正吾、風見章子　1967・9・23

▼**「銭形平次」**（東映・山内鉄也）　大川橋蔵、水野久美、小畠絹子　1967・10・10

▼**「君は恋人」**（日活・斎藤武市）　浜田光夫、和泉雅子、蕃ユミ　1967・11・3

★**「君に幸福を　センチメンタル・ボーイ」**（東宝・丸山誠治）　内藤洋子、山岡久乃、浦辺粂子　1967・12・16

▼**「花の恋人たち」**（日活・斎藤武市）　吉永小百合、和泉雅子、浜田光夫　1968・1・3

★**「残雪」**（日活・西河克己）　松原智恵子、和田浩治、山形勲　1968・3・30

★**「青春の鐘」**（日活・鍛冶昇）　松原智恵子、和田浩治、吉田次昭　1969・1・11

★**「永訣　わかれ」**（松竹・大庭秀雄）　大空真弓、尾崎奈々、緒形拳　1969・2・21

★**「いつか来るさよなら」**（松竹・川頭義郎）　光本幸子、山形勲、勝部演之　1969・12・17

▼**「東京↔パリ　青春の条件」**（松竹・斎藤耕一）　橋幸夫、西郷輝彦、黛ジュン　1970・3・18

▼**「青春ＰＡＲＴⅡ」**（ＡＴＧ企画・小原宏裕）　南条弘二、服部まこ（真湖）、赤座美代子　1979・2・10

▼**「総長の首」**（東映・中島貞夫）　菅原文太、清水健太郎、鶴田浩二　1979・3・24

▼**「小梅姐さん」**（赤坂小梅生誕１００年記念映画製作上映委員会・山本眸古）　島倉千代子、菊池淡狂　2008・11・8

【著者略歴】

大倉 明（おおくら・あきら）

ジャーナリスト。1950年10月17日、兵庫県宝塚市生まれ。慶應義塾大学経済学部卒後、産経新聞社入社。横浜総局、社会部、経済部などを経て、編集局次長、文化部長、総合企画室長、夕刊フジ代表、特別記者を歴任。この間、日航ジャンボ機墜落事故、日米構造協議などを取材する一方で、「月刊TVnavi」の雑誌創刊にも携わった。退社後はエフシージー総合研究所で常務取締役情報調査部長を務め、2023年6月に退社。

著者のブログ
akiraの青春賛歌

表紙写真　　松竹提供
目次・各章扉　JASRAC 出 許諾番号：2308584-301

決定版　舟木一夫の青春讃歌

令和5年11月24日　第1刷発行

著　者　　大倉　明
発行者　　赤堀正卓
発行所　　株式会社　産経新聞出版
〒100－8077　東京都千代田区大手町1-7-2
産経新聞社内
電話03-3242-9930　FAX 03-3243-0573
発　売　　日本工業新聞社　電話03-3243-0571（書籍営業）
印刷・製本　サンケイ総合印刷

ISBN 978-4-8191-1431-8　C0095